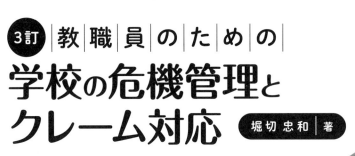

3訂 教職員のための
学校の危機管理と
クレーム対応 堀切忠和｜著
――いじめ防止対策推進法と
　いじめ対応を中心に――

日本加除出版株式会社

3訂版 はしがき

　この度、本書の3訂版を出版することができた。教員免許更新講習用のテキストとして執筆した本書が、免許更新制度がなくなった今も、学校の先生方の研修教材や参考書として利用していただけていることは望外の幸せである。

　今回の改訂では、まず教員免許更新講習で選択必修の時間にお話ししていた内容を新章（第1章）として加えた。免許更新制度が廃止されたとはいえ、学校現場は、法律の専門家との関わりを深めざるを得ない困難な状況にあり、法的問題に対応する土壌作りに役立つのではないかと考えてのことである。

　それから、いじめ防止対策推進法の解釈と運用に関する記述を充実させた。同法の狙いは「いじめの早期発見と適切な対処、できることなら教育を通じて未然に防止したい。」というシンプルな内容のはずだが、時の経過と共に問題は混迷を深めている。我々法律家の間にも混乱が見られ、省令とガイドラインの違いなど、基本的なところから問題を整理し直す必要があると感じている。

　もっとも、本書は学校現場で日々問題に直面する先生方に活用していただくことを狙いとしており、専門的な議論や参考資料は極力絞ったので、先生方が、移動の時間や仕事の合間に手に取って読んでいただけるようなものになっていればと思う。

　今回の改訂に当たっては、現役の教員の目線で上間一蔵先生、横山佳永子先生に原稿にお目通しをいただいた。また原稿の記述の確認は、引き続き、堤渚紗さんと金巻舞さんが担当してくださった。本書が、少しでも読みやすいものになったとすれば、これらの方々のご尽力に負うものである。それから私立学校からの相談が多い筆者にとって、千葉県流山市と船橋市、愛知県の教育委員会の先生方とお話しを

する機会を何度もいただいたのは、大変参考になった。また有形無形の支援を賜った、山路進先生、西山啓一先生、川合正先生、安田教育研究所所長・安田理先生、株式会社エデュケーショナルネットワークの皆様にも、ここに御礼を述べたい。

　最後に本書の改訂の企画から既に5年が経過しているところ、遅筆の私を見捨てずにここまで引っ張ってくださった日本加除出版の田中さやかさん、本書の完成にご尽力いただいた盛田大祐さん、松原史明さん、岩尾奈津子さんに御礼を申し上げたい。

　子どもたちの元気な学校生活には、先生方の元気が必要である。本書が少しでも、先生方のお役に立つものになっていたら幸いである。

令和6年2月

　　　　　　　　　　　　　　　堀　切　忠　和

改訂版 はしがき

　初版の出版から１年が経過した。この間、いじめ防止対策推進法の施行を受けて、教育現場に新たな対応が求められるようになった。法の趣旨について十分な説明も受けないままに、行政をも巻き込んだ現場の混乱が見受けられる。そういった時期に、本書の改訂のお話をいただき、教育現場に向けた提言をする機会を得たことをありがたく思っている。改訂といっても研修教材にも使えるように、あまり大部のものにならないようにしようとしたのであるが、思いのほか分量が増えた。そのため、初版では重複をおそれずに叙述した危機管理やクレーム対応の部分については、大幅に削除した。初版をお持ちの方は、そのままお手元に残していただければと思う次第である。

　今回の改訂では、第１章に「いじめ防止対策推進法への対応と課題」として、同法律に対応するに当たってのポイントを整理した。同法律が施行されてまだ間もないが、対応の準備が遅れている学校がある一方、過敏になりすぎている学校も見受けられる。本書が、現場の先生方の一助となればと思う。また巻末に、いじめ防止基本方針やアンケートなど、同法律の義務づけにかかる資料も掲載したので、こちらも参考にしてほしい。

　いまだに続く、いじめや体罰に関する事件報道の中、社会や保護者は教育の現場をどのように見ているのか、不安に思うところもないではない。しかし、私の知る限り、ほとんどの教育現場では学校長から各教職員に至るまで、皆、一生懸命に教育に取り組み、また行き詰まり、どうしたらよいかひたすらに悩んでいるという印象を受ける。そうでありながら、いま、社会の流れが、教職員の教育活動を、より萎縮させる方向に向いているようで、大変残念に思う。

　学校で生活する子どもたちを元気にするには、まず学校で子どもた

ちに接する先生が元気でなければいけない。萎縮する先生の下で子どもを伸び伸び育てるなどできるはずがない。そう思うのである。

　人それぞれに個性があるから教育現場で求められる対応に正解はないと思うが、本書で示した指針が、現場で働く先生の重荷を取り除き、多少なりとも元気の素になれば幸いである。

　なお、本書の改訂に当たっては、駒津彩果弁護士に執筆のご協力をいただいた。また、ゼミ生の奥山直毅くん、塚澤香葉さんから、初版に目を通しての貴重なご意見を頂戴した。それからゼミ生の山口舞さんには、忙しい中、原稿全体に目を通していただき、校正にご協力いただいた。本書が少しでも読みやすいものになったとすれば、これらの方々のサポートに負うところが大きい。また、このような短期間で改訂の作業を行うことができたのは、日本加除出版の田中さやか氏の適切なアドバイスとサポートがあってのことである。ここにお礼を述べたい。

　教育に勝る財産はない。その思いの下に、大勢の方の協力を得て本書ができあがっている。少しでも、教育現場の役に立つ何かがあれば幸いである。

　平成26年6月

堀　切　忠　和

は し が き

　本書は、平成21年から開始された、一般財団法人日本私学教育研究所（以下、法人名略記）の教員免許状更新講習及び10年研修での講演の成果をまとめたものである。ここでの講演は、筆者が、司法試験受験時代にスポーツクラブで指導員をしていた経験、公益財団法人日本体育協会（以下、法人名略記）のジュニアスポーツ法律アドバイザーとして受けた研修の成果、また同協会の講習の講師を務めた経験や弁護士として紛争解決に当たった経験を踏まえて行っているのであり、教育専門家のような深い造詣に支えられた教育理論を展開するものではない。

　筆者としては、自身のスポーツクラブでの指導経験に照らし、今、学校の現場に必要なのは、外から現場の問題点を突きつけることではなく、どうやったらその問題点について改善できるかを一緒に考えることだと思っている。しかし実際には、「専門家と連携しながら、慎重にかつ迅速な対応をすべき」など、アドバイスを受けた側として「だから、どうしろというのだ。」と言い返したくなる助言は少なくない。そこで、本書では、学校の問題点を指摘することより、やるべきアクションを示すことを意識した。これが正解というものではないが、各学校での具体的なアクションの指針作りに役立てばと思う次第である。

　なお、本書は、筆者のような浅学の者の下ながら、真摯に鍛錬を積んだゼミ生の活動の成果でもある。日本体育協会での講演の頃から参考判例の選別や講習の流れを検討してくれた外山晴隆君と関愛美さん、講演会場に足を運び、講演の聴講者の様子を踏まえた貴重なアドバイスをくれた衛藤朋之君にまずお礼を述べたい。また、本書を用いた最初の講演が、関さんの勤務するアパホテル東京ベイ幕張で行われたことを嬉しく思う。

　次に、本書が充実した内容になったとすれば、アシスタントの堤渚紗さんが原稿全体の手直し、講演の流れや質疑応答の様子を踏まえての構成の見直し、クレーム対応や事実関係の聞き取りに関するポイントの整理など多くの部分についての執筆に協力してくれたことによる。さらに、前書（「教職の充実のための実践講座2012　改訂版」朝日出版社）では、駒津彩果さんに共同執筆者として参加いただいた。ここに、その成果をまとめることができたことを嬉しく思う。

　さらに、本書が多少なりとも実践的な内容となったとすれば、現場の経験・教員の心意気を見せてくださった故・矢吹重憲先生（東邦大学付属東邦高校）、スポーツ指導員としての姿を見せてくださった故・佐々木浩憲コーチ（スポーツクラブトリム）、毎週レッスンの後、ビール片手に半分喧嘩になりながらも、より良いレッスンを追及し語り合った鈴木小巻コーチ、徳増和哉コーチ、永島秀樹コーチの存在があったからである。また、クレーム対応に当たっては、筆者の所属する水津正臣法律事務所の水津正臣所長がたくさんの手本を見せてくださった。筆者一人の成果がここにあるわけではない。

　最後に、筆者の経験を教育現場に活かすよう助言をくださった日本大学法学部の安藤忠教授、壽福隆人教授、多くの先生方との意見交換の場を提供してくださった日本私学教育研究所主任研究員の山路進先生、そしてこのような立派な本にまとめあげてくださった日本加除出版株式会社の田中さやかさんのご尽力に感謝を述べたい。

　本書が、多くの人の努力の成果であるだけでなく、今後、より多くの人の成果につながることを願う次第である。

平成25年6月

　　　　　　　　　　　　　　　　　堀　切　忠　和

目次

第1章　学校における法律問題の現状と課題

第2章　いじめ防止対策推進法の理解と対応

第3 いじめの法的責任と対応 ─────────────── 68

第4 事例研究 〜学校の調査義務（高知地裁平成24年6月5日判決（判タ1384号246頁）） ─────── 76

第3章　学校における危機管理

第2　危機管理をめぐる基本的視座 ──────*115*

第3　リスク管理の手法 ──────*123*

第4章 クレーム対応の指針

コラム目次

〈判例集の略記〉

民集	最高裁判所民事判例集
集民	最高裁判所裁判集民事
判時	判例時報
判タ	判例タイムズ

第1章 学校における法律問題の現状と課題

　スクールロイヤーという言葉の普及にも見られるように、学校現場の法律問題が注目されるようになってきた。[1] 以前からも、学校現場に、顧問弁護士とは別の法律家のサポートが必要であるとの指摘が潜在的にはあったが、そのニーズが、いよいよ表面化してきたといえよう。

　学校は、成長の途上にある子どもたちが、いろいろな活動にチャレンジする場であるから、その過程での事故や人間関係上のトラブルは、不可避であり、日常的に生じうる。そして、そういった事故やトラブルは、出来事の法律的な評価とは別に、教育過程の一環として、学校の中で解決されてきた。そのため、学校現場への法律家のサポートは、積極的には求められていなかった。

　しかし、いじめ防止対策推進法（平成25年6月28日法律第71号）の制定により、学校現場の問題が、そのまま法律問題としても扱わざるを得なくなった。そのため、現場の教職員

---

1) 例えば法学を学ぶ学生向けの雑誌である法学教室（有斐閣）でも2023年4月号（511号）より、「学校をホウガクする」とのタイトルで、学校現場を巡る法律問題に関する連載が開始されている。

からも、法律家の側からも、学校教育の現場を法的観点から
サポートする必要性が、より明確に認識されるようになった。

　もっとも、どのようなサポートが望ましいのかについては、
法律家の中でも意見が分かれている。[2] ただ法律家によるサ
ポートのあり方は、法律家が決めることではなく、学校現場
のニーズが決めることであろう。そこで、まずは教職員が直
面する学校現場の法律問題の状況と課題について概観する。[3]

学校の取り組みいろいろ、制服もいろいろ

【その①】

　公立私立問わず、特色のある学校作りの取り組みがなされて
いる。その中で、性の多様性の問題をきっかけにスカート・ズ
ボンの選択が柔軟に考えられるようになり、一歩進んで服装の自由の観点か
ら、スカート・ズボンの両方を用意するような学校も増えている。

　最近見た、とある学校の広報では、正装制服とカジュアル制服（日常の学
校生活できるパーカーやTシャツ）を用意し、TPOに合った着こなしを生
徒が考えるようにという取り組みを始めたそうである。

　同じものを着る制服から、選択して着る制服へ。この生徒が考えて選択す
るという流れは今後の様々な学校の取り組み、特に校則などの既存のルール
の意義を考える上でも、大きな転換をもたらすきっかけになるのではないか。

---

2) 神内聡『スクールロイヤー　学校現場の事例で学ぶ教育紛争実務Q&A170』
　（日本加除出版、2018）Q1参照
3) 佐藤香代「学校で起きる紛争の特殊性と法律家に期待される役割」（法学教室
　511号5頁）参照

第1　学校が直面する課題〜学校は法律問題に弱い

1　クレーム対応に追われる学校

　学校現場は、クレーム対処が必須の課題となっている。もちろん、いつの時代も学校に対するクレームはあったはずで今にはじまったことではない。そうであれば、現在のクレーム対応にひっ迫した状況は、学校に寄せられるクレームについて、量的よりも、質的な変化がもたらしたと考えられる。

　このクレームの質的変化をもたらした原因は、様々あろう。保護者の高学歴化による教員の地位の相対的低下、消費者意識・権利意識の向上、親子関係の変化、子どもの学び・遊びなどの生活環境の変化、学校への連絡やクレームを発信する手段の多様化などが考えられる。

　ただいずれも学校側に起因するものではないから、これらの原因について検討しても、事態の解決にはつながらない。そこで、学校現場としては現実に生じているクレームに対してどのように対処していくかを考える必要がある。

　まずここで一つポイントを指摘しておくとすれば、学校には、お客様相談室のようなものがなく、担当者とクレームの窓口を分離する仕組みがないことによる負担が大きく、その弱点を意識した対応が必要になるということである。具体的な点については、第4章で述べる。

2　法的責任と道義的責任の混在

　教職員の多くは、子どもたちのために最善を尽くしたいと考えているであろう。そのため、結果が最善でないことを、自分の落ち度や力

不足と考えやすい。「教師としてやれたこと」を全てやらなかった（やれなかった）ことを、自分たちの足りないところと考える傾向が見られる。意識の中で、教職員として（道義的に）自分がしてあげたかったことと、法的にやらなければならなかったこととの区別が曖昧なことが多い。そのため、法律でいうところのやらなければならなかったこと（例えば安全配慮義務）より広い法的責任を、教職員自らが認めてしまう傾向にある。その結果、ときには本来、負うべきでない過大な、あるいは本来、責任を負うべきでない人が法的責任を負っている例が見られる。

　起きた出来事を振り返ってみて、やれることがあったというのは、いわば後講釈であり、再発防止に向けた今後の教訓として考えるべきことである。これに対し、法律上の義務違反は、その当時の状況・認識で、やるべきことをやっていたかどうかである。

　当時（過去の時点で）やるべきことをやったかという観点からの法的責任の問題と、振り返ってみて自分たちのできることはなかったか（今後の再発防止に向けた反省）は、区別されなければならない。

　法的責任というのは損害賠償（被害弁償、治療費や慰謝料の支払い義務）や刑事処分の対象になるようなことをしたかどうかの問題である。一方、道義的責任というのは、教師として胸を痛めているということであり、同じことが起きないようにと未来に向けた反省の契機である。

　しかしそうはいっても、学校現場では、（いま振り返って考えて、当時）やれたことをやり尽くしていないと、自分たちに足りない点があった、落ち度があったという雰囲気での道義的責任の観点からの振り返りになってしまう。それがあくまで道義的責任の観点から今後のあり方を議論するのであればよいが、その前提を引きずって相手方との話し合いに突入した場合、法的責任の議論かのようになり、思いも

かけない方向に話が向かうことがある。相手方が穏便に済ませようという気がある限りにおいては、学校側は、自分たちの落ち度があったことを謝罪し、相手方は、その謝罪を学校側の誠意ある態度と受け止めて、円満に終わる可能性がある。しかし、相手方にそのような気がない場合、学校側が最初から法的責任を認めているかのような前提での話し合いになってしまう。

　法的責任を認めて謝罪をする場合と、法的責任はないものの、道義的責任から「今回を教訓に、今後、改善をしていきます。」という中での謝罪とは、大きく状況を異にするので気を付けたい。

3　専門家にも難しい学校問題

　やや誤解を招くおそれのある表現ではあるが、教員目線での学校の危機管理は、研究途上の分野である。スクールロイヤーの役割に関して様々な見解[4]があるのも、その現れといえる。

　原因はいくつか考えられる。例えば、①教員の立ち位置が、学校設置者と子どもの板挟みであることが指摘できよう。学校設置者の側から見れば被用者・労働者という相手方であり、子どもの権利の側から見れば学校側の窓口として交渉の相手方になってしまう。そのため、

4）神内聡『学校内弁護士　学校現場のための教育紛争対策ガイドブック〔第2版〕』（日本加除出版、2019）25頁

学校設置者・子どもの側のどちらから考えても、係争の相手方となる結果、教員を中心とした研究がされにくかったといえる。

　また、②学校・教育問題は、悩みを抱えている子どもの権利の側から検討されるため、子どもの権利を守るために教員ができること、学校側にやってほしいことについては検討されるが、その中で、どの範囲までが教員の法的義務なのかについてはあまり検討されていない。

　それに加え、③現場の教員と法律家の間に忌憚のない意見交換の場が少ないため、教員目線で求められるリーガルサポートについて法律家が学ぶ機会が少ないことなども指摘できよう。

　いずれにしても、子どものために何ができたか（道義的責任）ではなく、その場にいた教員が、出来事があった当時の事情の下、どのような準備・対処をする法的義務を負っていたかという観点での、教員目線からの危機管理に関する研究はまだまだ途上にある。

　そして、十分な先行研究・資料がないまま、法律家も個々の事案に対処することになるため、ついつい先生方の「○○をしておくべきだった」「○○をしていれば防げた」という道義的責任から来る「べき」（やった方が良かった、やれたら良かった）に惑わされ、学校に落ち度があるとの判断に至りがちである。そのため、法的義務（安全配慮義務）があったかどうかなど、普段、債務不履行責任・損害賠償責任を検討する際に当然に議論されることについての検討が十分にされないまま、学校にはまだやれることがあった以上、落ち度（法的な義務違反）があったとの判断が示される例が少なからずある（第3章145頁参照）。

　このような状況を改善していくには、教育現場からの情報提供のあり方を改善することが不可欠である。弁護士も、いわゆる六法の基本を学んだだけで、様々な業界の問題解決に必要な個別の法律や事業や活動の内容をあらかじめ知っているわけではない。むしろ現場にいる

依頼者に教わらなければならないことの方が多い。弁護士のスキルアップは、依頼者に負うところが大きいとさえいえよう。

　その点から言えば、学校現場では、問題を抱えたときに、ちょっと顧問弁護士に教えてもらおうと思うほどに法律家との距離は近くないので依頼者に教わる機会に乏しいのが現状である。

　以上のような、様々な要因により、学校現場に精通した弁護士が育ちにくく、学校現場の専門家は、まだ養成途上である。そのため、学校現場としては、専門家の助言であるからといって、鵜呑みにはできない現状がある。かといって学校現場の教職員の感覚も、こと法律問題については適切とは言いがたい状況にある。

　以上のような問題意識の下、我々法律家も、これまでの紛争解決例について、その判断が適切であったか検証すると同時に、学校現場と法律家で、きちんとした意見交換をして、学校現場の課題について、研究を積み重ねていく必要がある。5)

　5）教員の現場目線で法律問題について述べるものとして、現役教員弁護士である神内聡『スクールロイヤー　学校現場の事例で学ぶ教育紛争実務Q&A170』（日本加除出版、2018）や弁護士と教員の対話形式で事例検討を行う鬼澤秀昌・篠原一生『教員×弁護士　対話で解決　いじめから子どもを守る』（エイデル研究所、2021）がある。また法律家の書いた教員目線を意識した書籍として近畿弁護士会連合会民事介入暴力及び弁護士業務妨害対策委員会編『事例解説　教育対象暴力―教育現場でのクレーム対応―』（ぎょうせい、2015）がある。

第**2**　クレーム対応の課題

1 ご理解いただきたいと思う気持ちが裏目に出る 〜相手方の説得も納得も義務ではない

　学校現場からよくある相談の中に、「どうやってもご理解いただけないのですが、どうしたらいいでしょうか？」というものがある。

　しかし、案件の中身を聞いてみると、「それって相手方にご理解いただかなければいけないのでしょうか？」と答えたくなるものが意外と多い。相手方の承諾を得るための交渉の場と、学校の考えを理解していただくための説明の場の区別が苦手といっても良い。

　もちろん、学校としては、保護者や地域の皆様に、学校の教育方針や活動について理解してもらえればありがたいし、子どもたちへの教育を考えても、保護者・地域と連携することの価値は高い。その意味で、ご理解いただくための努力をする価値が高いことは間違いない。

　しかし、理解してもらえるかどうかは、学校の努力でコントロールできるとは限らない。なぜなら、理解してもらうために学校側でできることは、きちんと説明することまでであり、そのきちんとした説明に理解を示すかどうかは、相手方次第だからである。

　だから学校は、きちんと言葉を選んで説明する以上のことはできない。そして、その説明を受けた後、これを聞き入れるかどうかは相手方の問題であるから、理解してもらえない場合に、ある程度の努力を継続しても無理なときはやるべきことはやったと考えて良い。法律的にいえば、説明義務はあっても、説得義務はないのであって、説得できなかったことに学校側で悩んでも仕方がないのである。

　それにもかかわらず、無理に理解してもらうために試行錯誤し、あ

れこれ動くことは、かえって説明が散漫なものになったり、矛盾を生じるなどして、逆効果になることが多い。

　学校は、相手方に理解してもらえなかったことに悩むのではなく、きちんとした説明をできたかどうかをしっかりチェックして、それができているのであれば、やるべきことはやったと考えて次に進むべきであろう。

2 ポイントは平行線～相手を説得しようとする人ほど説明がおかしくなる

　きちんと説明したのに相手方に理解してもらえない場合、学校と相手方との議論は平行線になる。

　この平行線は、何とか理解してもらいたい気持ちでいる人にとっては、自分の力不足だと、罪悪感を抱くようである。しかし、学校という場を離れて考えれば、折り合う気のない人との議論が物別れに終わることは当然である。そこでは歩み寄りができない一方、相手との亀裂を深める必要もないのだから、議論は平行線になって正解である。

　平行線というと冷たく聞こえるかもしれないが、学校としては、ぶれない姿勢で話し合いに臨んでいるだけのことである。これを避けて、何とか理解してもらおうとあれこれ動き始めると説明がぶれたり、脱線したりして、いつの間にか、自分の説明が破綻してしまう。これでは努力をすればするほど事態を混乱させることになりかねない。相手方も、議論が平行線で動かないとなれば、何らかの妥協をするか、訴訟に持ち込む覚悟で大ごとにするしかない。学校としては、妥協点の見えない交渉をどう打開するかに連日悩む必要はなく、学校の姿勢をきちんと示した後は、それに納得しない相手方に、その先の選択を委ねるべきなのである。

　学校が悩むべきは、あくまで自分たちの選択とその選択した理由の説明がきちんとしたものであるかどうか（説明義務を履行したといえるかどうか）であって、きちんとした説明を理解してもらえない場合には、学校としてやるべきことはやったと考えてよいのである。

第**3**　教職員はクレーム対処が下手？

1 スキルの問題だけではない。仕組みも問題

　前述のように、学校は、相手方に理解してもらいたい気持ちが強い上に、議論が平行線になることを避ける傾向があるため、クレーム対処はもともと得意ではない。

　とは言え、クレーム対処は避けて通れない課題であるし、学校現場特有の問題以前に、事態を軽視しての失言や、その場しのぎの言い訳が後々の炎上につながったりしている例も、しばしば見るので、教職員個々人のクレーム対処のスキルアップは必要である。

　ただその一方で、現場のスキルアップだけで解決できる問題ばかりでもない。学校がクレームを受ける仕組みからくる課題もある。

　一般に、クレームの対処には、そのクレームの原因となった出来事の当事者と決裁権のあるリーダー（トップ）は、不向きである。これに対し、学校では、トラブルの現場を担当していた学級担任や部活の顧問と校長がこれにあたる。学校のクレームは、このクレーム対処に向かない両者に対応を委ねることが多いのである。

2 出来事の当事者はクレーム対処に向かない

　どこの現場でも、小さな苦情・不平のレベルの問題は、その現場の担当者が処理するのが通常である。しかし、いわばクレームというレベルになった場合、そのまま現場担当者に委ねるべきかは、難しい問題である。例えば、民間企業では、クレームの対応は現場担当者ではなく、お客様相談室で受け付けている。

　クレームの原因となった出来事の担当者は、どこか忸怩たる思いがあるし、できれば早くクレームと縁を切りたい。そのため、どうしても穏便に収めようとして、毅然とした対応ができない。それに比べると、お客様相談室は、自分が悪いわけではないので、お客様のクレームを淡々と聞き、冷静に応対しやすい。

　また、クレームの原因となった出来事の担当者は、その出来事に関する事情に詳しい分、交渉の場で即答を求められやすいので、余計に冷静な対処がしにくい。

　現場の担当者、あるいは出来事に詳しい人に対処させるというのは、一見、合理的なようで、実は、クレームの初期段階ではマイナスの方が大きいのである。

3 責任者にクレーム対処をさせてはいけない

　一般に、民間企業で、「社長と話がしたい。」と言われて社長に内線をつなぐ社員はあまりいない。これに対し、「校長先生とお話がしたい。」と言われたときに校長室に電話を回すことは日常的に起こりうる。

　もちろん、「後は校長にお任せします。」と言って、問題から解放されたい現場の気持ちは分かる。また、場合によっては、「校長先生が

そうおっしゃるなら……」とクレームが収まることもあるので、そのような展開に期待したい気持ちも分かる。

　しかし、クレームを入れる側が、「校長と話したい。」という理由を考えてほしい。一つは、「ボスと勝負させろ。」というものである。その状況でいきなり校長につないでは、闘う気満々の相手と、事を荒立てたくない校長との対決となり、校長の劣勢は目に見えている。そして、校長が折れて何らかの約束をしてしまえば、事態は回復のできない悪い方向に行く可能性が高い。決裁権のあるトップは、あまりクレーム対処に向かないのである。

　それから、もう一つの理由として挙げられるのは、「校長だったら、こちらの言っていることの方が正しいと分かるだろう。」という相手の期待である。この場合も、その相手の期待に応えられるようであれば、担任レベルで話しを収められるのが通常である。応じられない要求が出ているから話しがこじれているわけで、校長としても、その期待に応えることは難しい。その結果、期待を裏切られた相手は、より強い不満を感じるのであり、よりこじれたり、大ごとになりやすい。

　これらに加え、校長にしても、報告を受けているとはいえ、出来事の細部や関係者のやりとり全部を把握しているわけではないので、適切な受け答えができるとは限らない。そして、そういった曖昧な理解の下で校長がした発言が必ずしも適切でない場合には、誰がそれを訂正するのかという問題にも突き当たる。学校としては、校長を出したことで、いきなり背水の陣となることもあれば、校長の発言を逆手に取られて、現場の身動きがとれない状態に陥るおそれがある。

　校長は、学校がすべき対応について、最終的な判断をすべき立場にあるのであって、そこに至るまでの意見や事実関係の整理なども含めた個別の交渉に向いているわけではない。むしろ発言に重みがある

分、先の見えない交渉には不向きとさえいえる。

　当事者的地位に立つ教職員と決裁権のある管理職（その意味では、校長だけでなく副校長も同様である。）はクレーム対処にはあまり向かないということを、まずは知ってほしい。

不用意な例え

【その②】

　「学校と家庭は車の両輪です。」とは、保護者会で校長先生がお話しするときなどに聞くことのある言葉である。

　車の両輪とは、お互いに欠くことのできない密接な関係にあることを意味する例えであるから、もしかしたら上手な使い方ではないかもしれない。子どもの教育に、学校と家庭のいずれも欠くことができないという意味ではなく、より効果的に学校の教育をするためにご家庭も協働・協力してくださいとお願いする意味で用いられているのではないかと思われるからである。

　学校での教育が片側の車輪、家庭での教育が反対側の車輪だとしたら、その車のハンドルは誰が握っているのだろうか。ご家庭に協力を求める学校としては、学校がハンドルを握っているつもりかもしれない。しかし聞いている側はどうか。

　「校長先生。学校と家庭は車の両輪ですよね。」と逆手に取られて、家庭の方針に学校が協力するよう求められた校長先生のぼやきを聞きながら考えた。もしかしたら、不用意な例えだったかもしれない。

第**4**　保護者対応の課題
〜信頼関係を構築する前に、知ってもらうべきことがある

1　今も残るモンペ・ヘリ親問題

　学校現場に寄せられるクレームは様々であるが、大半は、保護者からのものである。言葉の善し悪しは別として、「モンペ」(モンスターペアレント)、「ヘリ親」(ヘリコプターペアレント)と揶揄したくなる気持ちは分からないものではない。そのため、保護者からのクレームを抑えるスキルを教職員に身につけさせたいという学校からの相談も多い。

　しかし、学校が対処できるのは、学校と保護者との間で、何が子どもの利益になるかについて、ある程度、共通認識がある場合に限られる。このような場合は、確かに、教職員が適切に対処していれば問題を生じなかったであろう。これに対し、子どものことはそっちのけで、自分のメンツのためや、怒りにまかせた保護者の行動は制御不能であり、教員のスキルアップでは対処しがたい。

　もっとも、そのような制御不能な態度の保護者も、最初から学校を困らせたかったわけではない。もともとは子どものためであったはずである。それがいつの間にか、目的を忘れて制御不能に陥っているのであるから、出発点に立ち返れば、学校としても、対処のしようはあった可能性がある。

　そこで、学校現場のクレーム対処のスキル向上も重要な課題であるものの、保護者が、学校との話し合いの中で、自ら制御不能に陥らないよう、事前に、保護者の側でも、学校とよい協力関係を築くためのスキルを身につける研修の場を学校側で設けることの価値も高い。

2 保護者向け研修の実施

　上記のような、学校側では対処のしようのない保護者対応の問題を回避するためには、全体保護者会で学校の考えを示すだけでなく、子どもが学校でトラブルを抱えた場合の対応について、保護者にも学ぶ場を提供することが必要である。では、保護者向けの研修として、どのようなものを実施するか。

　まず具体的内容であるが、以下の２点が、まずは大事であろうと考えている。

① 　学校を交渉相手にしない

　　学校に要望や不満をぶつけるのではなく、学校と家庭の役割分担・情報交換のための作戦会議に向かうことを意識する。

② 　保護者の頑張りすぎが、子どもから友だちを遠ざける

　　たとえ学校に落ち度があって保護者が前面に出てきた場合でも、先生方を吊し上げて、討ち取るようなやり方をしてしまうと、「あの家ともめると、ああなるのか。」と周囲の人との間に、子ども同士も含めて、距離ができてしまう。

　　また、「先生の対応が酷かったとはいえ、やりすぎだよね。」と周囲に見られてしまうと、それまで味方であった生徒や保護者の協力も失ってしまう。

　　そういったことにならないよう、学校に対して言うべきことは言うとしても、学校が子どもの生活の場であることを考えて、前のめりすぎないように注意する。

　学校の側に様々な問題があったとしても、学校が子どもの生活の場である以上は、泣き寝入りをする必要はないものの、作戦会議を超えてそこを戦場（交渉の場）にしてしまったり、（保護者が頑張りすぎて）焼け野原にしては元も子もない。

　保護者としては、自分の子どもを傷つけられたことへのやり場のない気持ちがあることは当然である。しかしその気持ちをぐっと堪えて、何が子どもの利益に適うのか、また子どもの望むことなのか、怒りをぶつけるのではなく学校と協力関係を築くことで解消できる余地はないかを、保護者の側でも考えられるように、あらかじめ情報提供をしておくことは有用である。

　時間があれば、ネットトラブルの問題や、自分の子どもが被害に遭った場合の対応、逆に他人を傷つけてしまった場合の対応など様々な内容をお話しできるであろう。

　いずれにしても、立場は違うとはいえ、保護者も学校も、子どものための貴重な人的・社会的資源であるから、家庭と学校で情報共有とそれぞれのできることを分担して子どもを見守っていくような関係を構築するための共通認識を作りたい。

　なお、このような研修の実施の時期についてであるが、実際に何らかの問題を生じてからでは遅い（当事者への当てつけのように思われかねない。）。入学前後の、保護者皆さんが参加してくれる行事と合わせて実施することをお勧めする。

　実施例は、学校によって様々であるが、早いところでは入学ガイダンスや入学式後の最初の保護者会、それ以外では、生徒向けのいじめ予防授業とセットで実施されることもある（最初に生徒・児童向けのいじめ予防授業を実施し、次の時間に保護者向けに、クラスでいじめが起きた場合の保護者の対応についての勉強会とするなど）。

コラム 【その③】　無菌室で育てますか？

　　　　いじめはあってはならないもの。それはそうである。でも、どんな社会にもいじめはある。あってはよくないが、どこにでもある。学校の中でいじめをなくしても、社会に出れば、どこかでいじめの場面は見ることになる。やっている側にどこまで悪意があるのかは分からないが、やられている側にとっては、ただのいじめと感じるような出来事は、大人になってからも、それなりに経験することであろう。

　いじめが、どこかで必ず出会うものであれば、出会う前に対処方法を学んでおくのが望ましい。もちろん、その学びの機会は「実体験」でない方が望ましい。しかし、万が一、学校でいじめが起きた場合でも、そこを捉えて学校を批判するよりも、問題解決と再発防止に向けて、起きてしまった不幸な出来事から、大人も子どもも学ぶ方が良いはずである。

　学校は、大勢の大人の見守る中で子どもたちが成功や失敗、トラブルや挫折、問題解決や立ち直りを経験するなどして学んでいく場である。学校は、嫌なことのない無菌室ではないはず。

　特に、成年年齢が18歳になり、高校を卒業してから成人するまで2年間の準備期間がなくなっていることを考えると、プラスの出来事だけでなく、マイナスの出来事も、学校の中での貴重な教育・学びの機会としていく価値は一層高い。

　極論かもしれない。でも、本当に子どもを無菌室で育てたいですか？

第5　教職員が法を学ぶ意味

1　のびのびと教育に当たるために

　法律という言葉に対するイメージは人それぞれであるが、人を拘束する厳格なルールというイメージをもたれている先生方も多いと思

う。

　しかし、法律が拘束的に規定するのは、最低限やらなければならないこと（義務）と絶対にやってはいけないこと（禁止）についてである。むしろそれ以外は、学校や教職員の裁量で教育に臨むことができるのであるから、法を知ることで、安心して、そしてのびのびと教育に当たることができるようになるのではないだろうか。

2 私立と国公立の教職員の法的責任の異同〜私学の教員は、一層、注意が必要

　一般に、教職員の職責は、勤務校が公立であれ私立であれ、基本は変わらない。ただいったん法的係争に入った場合の立場（法的地位）は、私立学校の教職員と公務員（準公務員も含む。）である国公立の教職員とでは、大きく異なる。具体的には、個人責任の有無である。

　公務員である国公立の教職員は、民事責任を負う場合、その主体は、国立であれば国、公立であればその学校の設置者である地方公共団体であり、教職員個人はその責任を負わない（国家賠償法1条）。被害者の側では、教職員の個人責任を追及できないのである。例外的に、体罰など、税金で賠償責任を負担することを認める余地がないような場合のみ、国または地方公共団体から、当該教職員に対して、被害者に賠償した額の求償をされる場合があるにとどまる。

　一方、私立学校の教員の場合、国家賠償法ではなく、民法が適用されるので、個人責任が原則である。そのため、教職員個人が責任を負い、学校設置者たる学校法人は、その教職員の監督責任を負うにとどまることが多い（民法715条）。つまり学校法人が責任を負う中心ではないのである。学校法人には責任を追及せず、専ら教職員個人のみに責任を追及することも可能である。そのような場合、教職員個人で全

額の損害賠償責任を負担するリスクも相当程度ある。

　そのため、法的リスクに関して私学教員の方が敏感にならざるを得ず、また教職員賠償責任保険の有用性も高いといえよう（第3章108頁参照）。

第6　学校現場のサポートのあり方
〜スクールロイヤーの意義と課題

1　学校現場はサポートの隙間

　もともと学校現場の法律問題は、生徒・児童の子どもの権利の側から研究が発展したといってよい。実際、弁護士会でも学校問題に精通した弁護士の多くは、子どもの権利に関する問題を通じて学校現場の問題に接している弁護士である。そのため、教職員は、学校側の存在として、子どもの側から見ると「学校側という相手方」となってしまう。

　一方で、地方公共団体や学校法人の顧問弁護士など学校側にも弁護士は、元々存在している。そうでありながら、スクールロイヤーを必要とする現状があるのは、顧問弁護士とスクールロイヤーの拠って立つところが違うからである。

　いわゆる顧問弁護士は学校設置者の立場で紛争の解決に当たる。その立場上、状況次第では、現場を切り捨てて学校設置者を守ることも考えなければならない。また、そこまでいかなくとも、学校側に何らかの非があれば、組織内の人事の問題として現場の教職員、管理職の処分を検討しなければならない。学校設置者と現場の教職員は、雇い主と従業員として、法律的には利害対立があるのである。そのため、

顧問弁護士は、その職責上、現場の教職員の立場に配慮するのには限界がある。

　このような状況にあることから、現場の教職員は、子どもの権利の側からは学校側の人間として利害対立を生じ、その学校側の中では、学校設置者と現場の教職員は雇用関係にあるという点で利害対立を生じてしまう。

　こういった事情から、教員の目線での学校現場の法律的なサポートの体制構築には、別の法律家の存在が必要になる。その役目を担うのがスクールロイヤーである。

2 顧問弁護士とスクールロイヤーの違い

　上記のように、顧問弁護士は、その立場上、学校現場のサポートに徹することができず、そこにスクールロイヤーの必要性・有用性があるといえる。

　また顧問弁護士とスクールロイヤーで役割分担をすることにも有用性がある。

　例えば、訴訟に発展する可能性のある案件では、顧問弁護士が、原因となるトラブルの調査に携わっていると、調査の客観性に疑問をもたれかねない。その段階では、顧問弁護士の関与なしに、スクールロイヤーの指導・助言による対応、あるいはスクールロイヤー自身での調査をする方がよいであろう。

　学校内での問題の対応についても、学校の立場から保護者に苦言を呈するのが難しいような場合、学校の利益を担う顧問弁護士の立場とは切り離されたスクールロイヤーの目線で学校の立場を説明する方が、保護者の理解を得やすい場合もある。

　以上のような前提から考えると、スクールロイヤーは、誰かの利益

を代理するというより、特定の誰かの利益を担う立場にないという点で、学校という生活空間における、教職員、生徒、保護者の間を調整する調停者としての役割が大きい。

　なお、スクールロイヤーといえども、学校設置者の要請を受け、報酬をもらっているという点で、中立性に欠けると指摘されることがある。しかし、外部委員も、第三者委員会も監査や調査の対象組織の依頼で就任する。あとは委員が職責を果たすかの問題である。スクールロイヤーは、法律的観点から学校現場に提言をするのが主な役割であり、適切な助言をし難い特別な事情（相談される事案の関係者に親族がいるなど）がない限り職務の遂行に支障はなく、あえて積極的な中立性を議論する必要はなかろう。

　また、中立性の問題とは別に、スクールロイヤーの目的を「子どもの最善の利益」（the best interests of the child shall be a primary consideration）の実現と表現されることもある（子どもの権利条約3条1項参照）。しかし、これもややミスリードのように感じる。学校現場を前提とする限り、「子どもの最善の利益」を考えるにあたり、家庭の中、社会の中での大人と子どもの関係ではなく、学校という生活空間の中での子ども同士の関係での問題が多い。そのため「子どもの最善の利益」といっても子ども同士の利害対立がある中での最善であるから、そのクラス、学年、場合によっては全校生徒の利益を考えて調整しなければならない。それに加え、学校が、子どもたちにとって生き生きと学べる場であるためには、子どもたちだけでなく、そこでの教育に携わる教職員が元気に伸び伸びと教育に携われることも重要である。そうすると、「子どもの最善の利益」という表現も、保護者が子どものことそっちのけで、学校に何かを求めてくるような親子・家庭内の問題を考える場合は格別、学校現場のスクールロイヤーの活動の指針とはなり得ず、宣言的な意味しかもたない。

　もともとスクールロイヤーは、特定の子どもの代理人ではないから、「子どもの最善の利益」を追求するといっても、そこにいう「子ども」は、厳密には子どもたちである。例えば、いじめの被害者・加害者・傍観者全てが、ここにいう「子ども」に含まれるのであるから、子どもたちが集う学校という生活環境全体を念頭に置いて活動することになる。そうであれば、子どもたちの学校生活の平穏を保ち、子どもたちの学び・成長の場を維持することがスクールロイヤーの役割となるはずである。スクールロイヤーは、学校にいる特定の誰かの利益を追求するのではなく、学校という空間で生活する人全て（教職員も含む。）の利益に配慮する立場にあり、現場の利益の調整役・調停者としての役割が大きい。

　つまり、特定の子どもや教職員の代理人ではなく、学校設置者の代理人でもない立場にあることから、学校内で起きる様々な問題において、法的観点からの調停者としての役割を担うという観点から、スクールロイヤーの役割を考えるべきである。

3　私立学校におけるスクールロイヤーの役割

　私立学校の教職員は、教職員が個人責任を負うため、国公立の教員よりも法律問題について敏感にならざるを得ない（第3章108頁）。その点で、顧問弁護士とは別にスクールロイヤーを配置する有用性は高い。

　それだけでなく、私立学校は公立の学校のように教育委員会のような学校の外からの指導・助言が得にくいという点でも、スクールロイヤーの役割は大きい。

　筆者の知る限りでは、スクールロイヤーの設置の形態として私学協会と契約し、その加盟校の相談を適宜受ける形態や、学校法人と契約

し、その系列校の相談を受けるものから、学校単位の契約をしている例もある。そのほか、事実上のスクールロイヤーともいうべき存在として、顧問弁護士とは別に現場の問題を相談できる懇意にしている弁護士がいるという学校もある。

　各学校で顧問弁護士のほかにスクールロイヤーを用意するのは負担が大きい。そこで、私学協会単位、大都市では、私学協会の支部単位で適宜相談できる弁護士と契約するなどの工夫が考えられても良いであろう。

4　国立学校におけるスクールロイヤーの役割

　国立学校は、教育委員会のような学校外からの指導・助言が得られないという点では、私立学校に類似し、その分、スクールロイヤーの有用性があるといえる。

　その一方、私立学校に比べると予算の自由度が低いため、各校あるいは独立行政法人単位でのスクールロイヤーの導入は容易ではないように思われる。

　その点では、当面は、事実上のスクールロイヤーを確保するのが望ましいというところで精一杯であろうか。

5　公立学校におけるスクールロイヤーの役割

　公立学校では、学校ごとに顧問弁護士やスクールロイヤーを設置するのではなく、教育委員会、場合によっては首長の部局に弁護士が配置される。

　理想的なのは、教育委員会にスクールロイヤーを常駐させ、各学校を定期的に訪問し、地域の教育行政に精通した弁護士に学校現場のサ

ポートを期待することである⁶⁾。

　現状では、教育委員会を通じて各学校に、直接または間接的に助言
をすることで、間接的に学校現場をサポートする形態が大半であろ
う。ただ、スクールロイヤーに相談するために申請書類を出して決裁
を受けてから相談するようでは、教育現場の法的問題をサポートする
には、スクールロイヤーの登場が遅すぎる。現場のニーズとしては、
会議や面談の場にも来てくれる方が、よりスクールロイヤーとして、
教育現場の期待に応えられるように思われる。

第 **7**　今後の課題

　学校現場で法的な問題あるいはクレーム対処がうまくいかない原因
は、教職員の能力・研鑽が足りないからとは限らない。教育者の目線
と法律家の目線の違い、教育者の道義的責任と法的責任の区別、子ど
もと学校設置者との間で板挟みになっている教職員の立場などを前提
とする法的観点からの議論の整理・研究が十分になされてこなかった
ことに起因する側面もある。

　今後の課題としては、上記のような点に配慮しながら現場の問題に
対応し、関係者全体の利害を調整する法的な専門家としてのスクール
ロイヤーの活用について積極的に議論がなされて良いのではないかと
思う。

---

6)　一例として、千葉県流山市が、首長部局、スクールロイヤー、いじめ重大事
　　態調査のそれぞれに別の弁護士を配置し、それぞれの弁護士が、適宜、重層的
　　に教育現場に指導・助言・提言をする体制にあるのが参考になる。

コラム

【その④】

指摘と指導

　　　　　スポーツクラブでアルバイトをしていたときに教わったことの中に「指導と指摘は違う。」というものがある。

　何がダメかを言うのは指摘、どうすれば良いかを言うのが指導。

　学校事故などの判例を読んでいると、後から振り返って学校側のどこがダメだったのかを指摘するものが多い。現場にいた先生にとっては後講釈にすぎず、その当時はどうしようもなかっただろうなぁと思うのである。

　あれはダメ、これはダメでは、選択肢が狭まるだけで息が詰まる。先生方の目線で現場を眺めつつ、法律家の知見をもってリスク管理・事故やトラブル対処の指導・助言をする。確信があるわけではないが、それがスクールロイヤーの仕事の一つかなと思ったりする。

第2章
いじめ防止対策推進法の
理解と対応

　いじめ防止対策推進法が平成25年9月に施行されてから、気付けば10年以上が経過している。施行後3年を目安とする見直しもされていないとの批判もあるが、無理な法改正をして、同法の弊害を助長するよりは、現行法の解釈を深める努力をする方が無難と考える。「いじめの早期発見・早期対応」という法の願いを実現するにあたって、法解釈を整えることもいまだ難しいのが現状である。そこで、まずは文部科学省のガイドラインや各地方公共団体のいじめ防止対策推進条例を見直し、現場の運用をより洗練されたものにする方が、現場にとっても、学校で生活をする子どもたちにとっても有用であろう。

　同法は、大津のいじめ自殺事件の教訓を具体化したものであり、いじめを隠蔽しない、放置しないという願いが込められている。一方で、同法には、いじめの定義問題をはじめ、同法の存在に現場が振り回され、本来のいじめ対応の妨げになるという本末転倒な事態も生じている。

　いじめ防止対策推進法は、使い方・関わり方を間違えれば、早期対応どころか、むしろ問題拡大の火種であり、結果として、子どもたちの居場所である学校での生活を脅かして

しまう。

　そのような事態を避け、法の趣旨を実現すべく、いじめ防止対策推進法についての正しい理解と適切な運用方法についてこの章で検討していきたい。

コラム

【その⑤】

いじめに当たりますか（前編）

　「これがいじめに当たるのか、学校の見解を示せ！」

　いじめ被害を訴える保護者から聞く言葉である。しかし、この言葉に応えるのは難しい。目の前にある問題を「いじめ」と認定すれば、いじめ防止対策推進法の建て付けから、加害者とされる生徒への関わり方に外的な制約が加わる可能性がある。また、被害を訴える保護者の側も、いじめを認定してもらうことに一定の思惑があってのことであるから、学校側として、おいそれとその申し入れを受け入れるわけにはいかない。ここで「法上のいじめ」には当たりますが、「社会通念上のいじめ」といえるか疑問ですなどと言っても話がややこしくなるだけである。かくして、学校と被害を訴える保護者との間のつばぜり合いが始まる。

　しかし、これに使う労力は、全くの無駄としか言いようがない。なぜなら、目の前で起きている出来事への学校の対応は、それをいじめと呼ぶかどうかに影響されないからである。問題の解決に全力を尽くしている学校にとって、それをいじめと呼ぶかどうかは、あたかも接近する台風の名前をどうするかでもめるようなものである。問題の解決には何ら影響しない。

　だから、学校としては、目の前にある出来事をいじめと呼ぶかどうかより、それに対応するためにどうすべきかを保護者と話し合わなければならない。

　勇気をもって言ってみよう。「このことをいじめと呼ぶかどうかで学校の対応は変わりません。必要と思う指導・支援をするだけです。」

第1　いじめ防止対策推進法の抱える問題点
～いじめと向き合うために

1　いじめ防止の願いと法の限界

　　いじめ防止対策推進法は、いじめ自殺のような悲劇を繰り返さない、という願いからできた法律である。ただ、その願いを実現するのは人であり、法律はそのための道具にすぎない。

　　そして、どんな道具も使い方を誤ればケガをする。また、使い勝手の悪い道具は、かえって作業を遅くする。いじめ防止対策推進法が担う願いは誰しも共感できるが、具体的な法の内容は、いじめ予防・対応の道具としては使いにくい側面がある。

　　そこで、その使いにくさが、現場のいじめ対応の妨げとならないように、いじめ防止対策推進法との上手なつきあい方を考えていきたい。

2　いじめ防止対策推進法の趣旨・目的

(1)　いじめ防止対策推進法の究極の狙い

　　いじめは減らせても、完全になくすことができないことは、大人の社会で実証済みである。

　　そういった中で、いじめの問題に対処する方法が二つ考えられる。まず一つは「いじめ」を深刻なものに限定して、「深刻ないじめ」をなくそうとすること、もう一つは「いじめ」を広く捉え、どこにでもあることを前提に、早期発見・早期対応を心がけ、重大化を回避することである。

　　いじめ防止対策推進法の目的（いじめ防止対策推進法1条。以下「法」）

からは読み取りにくいが、法２条のいじめの定義を見る限り、法は、後者を選んでいる。つまり、いじめの定義を広くとり、いじめがどこにでもあることを前提に、「いじめ」あるいは、「いじめの兆候」を早期に発見し、問題が大きくならないうちに対応することを狙いとしている。このことは、法１条と法２条、法４条で念頭に置いている「いじめ」の意義が異なっているため分かりにくい。

　具体的にいうと、まず第１条の「いじめ」は、大津のいじめ自殺事件のような重大な権利侵害を伴う「深刻ないじめ」を念頭に置いている。これに対し、第２条の「いじめ」は、相手が心身に苦痛を感じるような行為を広く「いじめ」と捉えており、重大な人権侵害どころか、良かれと思ってやったことが思いも掛けず相手を傷つけたような行為も「いじめ」としている。いわば広く「いじめ」の網を掛けることで放置されるいじめをなくそうとしており、網を拡げた結果、世の中的にはいじめとはいわないような行為も、いじめ防止対策推進法上のいじめ（いわゆる「法上のいじめ」）という扱いをしているのである。これとは別に第４条では「いじめ」を禁止している。第４条が、第１条の深刻ないじめのみを禁止しているはずもないが、一方で、第２条の法上のいじめは必ずしも禁止される行為ではない。第４条が禁止するのは、世の中一般にいういじめ（社会通念上のいじめ）である。このように条文ごとに「いじめ」の意味が異なっているため、法の意図するところが分かりにくいのである。しかし、法全体を見て、各規定が目指していることを見る限り、法２条を基軸に、「いじめ」を広く捉え、どこにでもあることを前提に、「早期発見・早期対応」「いじめを隠蔽しない、放置しない」ということを目指しているといえる。

(2)　いじめがあることは不祥事ではない

　いじめがどこにでもあることを前提とする以上、法2条が定める「いじめ」が起きたことは、直ちに学校の不祥事を意味しない。むしろ、いじめの概念を広く捉えて早期発見を促す以上、いじめの認知件数は多い方が良いくらいである[1]。

　いじめの概念を広くしたにもかかわらず認知件数が少ないということは、いじめを認知する感度が低い、あるいは「いじめ」ないし「いじめの兆候」を認知したにもかかわらず、必要な対応をしていないことを疑わせるからである。

　些細な出来事にいじめの芽がないかを疑い、その芽が大きくならないうちに学校を挙げて対応する。それがいじめ防止対策推進法の狙いである。

(3)　学校ができることにも限界がある

　いじめ防止対策推進法が念頭に置くいじめの定義は広く、学校内で生じたものに限られない。そのため、学校にどこまでの対応が求められるのかという問題を生じる。

　とはいえ学校が対応できるのは、学校管理下にある出来事についてであって、塾でのトラブル、部活の大会中の他校の生徒とのトラブルなど、学校外あるいは学校の管理外のことについて対応することは困

---

1) いじめの認知件数については、把握の方法に定まったものがなく、現実の指標とはしにくい。例えば、いじめアンケートで、いじめられているのを見たという回答が100人の生徒からあったとき、100件のいじめがあったのか、1件のいじめを100人が目撃したのか区別がつかない。
　　ただ些細な、生徒が傷ついた出来事にもアンテナを張れば、いじめの認知件数は増えざるを得ない。そのため認知件数が減ることは必ずしも望ましいことではなく、認知件数をそのままに、認知された案件の中身が軽くなっていくのが望ましいといえよう。

難である。その部分は、他の社会的資源（保護者、警察、児童相談所など）にお願いするしかない。また、学校はあくまで教育機関であり、捜査機関ではないから、いじめに関する事実関係の調査にも限界がある。

　さらに、学校という教育機関の対応であるから、いじめを行った者への対応にも限界がある。学校ができるのは、教育・指導が中心であって、制裁・懲罰はその目的とするところではない。

　ところが、実際には、いじめ防止対策推進法が、関係者への懲罰を求めるための道具として機能している側面もないではない。学校としては、いじめ防止対策推進法の存在を前提としても、学校は教育の場であり、それ以上のことは担えない（場合によっては、担うべきではない）ことを確認し、その前提での対応であることを関係当事者にも伝わるようにしていかなければならない。

3 いじめ防止対策推進法の抱える問題点と注意点

(1)　いじめゼロを目標にしてはいけない～いじめはどこにでもある

　いじめ防止対策推進法は、いじめの防止が主たる目的に読める（法1条、4条）。もちろん、可能な限り未然に防止したいが、現実的には、「いじめ」を極めて限定的なもの（極めて深刻なもの）とでもしない限り、いじめ自体はなくせない。人が集まれば、争いも意地悪も、何らかの形で生じるものである。もし、いじめを完全に予防できるというのであれば、まず大人の社会であらゆるハラスメントをなくして、いじめのなくし方の手本を示すべきであろう。しかし、それは現状できていないし、将来にわたっても不可能であろう。

　そういった中で、「いじめは防止すべき」という理念だけが先行し、いじめゼロに向かおうとすると、いじめがゼロになり得ない以

上、その目標を達成する方法は、いじめを隠蔽し、いじめの報告をゼロにするしかなくなってしまう。これでは本末転倒である。

　法の趣旨は、あくまでいじめの早期発見・早期対応であり、いじめが起きたことを不祥事として非難する趣旨ではないことを改めて確認したい。

(2)　いじめの予防以上に、起きたいじめに向き合うことが大切

　いじめを不祥事と認識するようになれば、蓋をしたくなり、結果として、いじめ問題を大きな、そして深刻なものにしていく。そのため、いじめはどこにでも存在し得るものであり、そのこと自体は不祥事ではないということが確認されなければならない。そして、不祥事などではないのだから、蓋などせず、しっかりと問題に向き合うことが重要である。「いじめがあることは学校の不祥事ではない。」ということが問題に向き合うための出発点である。

　そもそも、「いじめの予防」で法的に求められるのは（法的義務とされるのは）、「いじめを起こさせない」という結果ではなく、いじめの予防（いじめが起きにくい環境作り）に向けた相応の努力である。その努力にもかかわらずいじめが生じてしまった場合、学校では、それを早期に発見し、それに適切に対応するしかない。法的義務の観点から言えば、学校は、いじめを予防するための努力（指導）をすることは必要であるが、実際にいじめを予防するのは目標であって、義務ではない。いじめをするかしないかは、最終的に、いじめを行おうとする生徒の手にかかっているのであり、学校は、いじめを生じないという結果を保証しようがないからである。そのため学校としてすべきことは、生徒たちの学校生活の平穏と心身の安全を守るため、いじめの予防に向けた相応の努力と、起きたいじめにきちんと向き合い、適切に対応することである。

(3)　いじめと向き合うために大切なのは、法律の知識よりも、現実に
　対応する教職員の時間と体力と気力

　既に述べたとおり、いじめ防止対策推進法があるからといって、法
律がいじめの問題を解決してくれるわけではない。

　いじめを解決・解消していくには、教職員・生徒そして保護者が、
その問題と向き合って努力していくしかない。そういった努力を重ね
ていく中で、いじめをしない子ども、いじめと向き合える子ども、い
じめられてもすぐに折れない子ども、そして周囲にしかるべく助けを
求めることができる子どもになっていく。

　しかし、教職員も、授業やその準備、クラブ活動、さらに自分の生
活がある。その中で、いじめへの対応をこなしていくのは、時間的に
も体力的にも、精神的にも極めて負担が大きい。

　そういった状況の中で、いじめ防止対策推進法の規定を眺めてみる
と、学校側に義務を課すものばかりで、現実に起きているいじめに対
応する以前に、いじめ防止対策推進法が定める義務に対応するだけで
学校現場は疲弊しかねない。

　もちろん、そのようなことはいじめ防止対策推進法の願いに反する
のであるから、法の願いから乖離した状況に陥らないようにするた
め、上手に、いじめ防止対策推進法と向き合っていくことが必要であ
る。

第**2**　いじめ防止対策推進法

　いじめ防止対策推進法は、その名のとおり、「いじめの防止・予防」
を念頭に置いている（法1条）。しかし、いじめ予防のために具体的に
できることは指導・啓発の他にはあまりなく、この法律を何回読んで

も、いじめを予防する方法は見つからない。実際に重要なのは、起きているかもしれないいじめの早期発見と適切な対応（隠蔽しない、放置しない）であり、いじめ防止対策推進法の現実的な趣旨もそこにある。[2]

　そういったことを踏まえ、まずは、いじめ防止対策推進法の規定する内容を確認していくことにする。[3]

1　いじめ防止対策推進法の解釈が難しい理由

　いじめ防止対策推進法は、極めて解釈が難しい法律である。

　まず、いじめ防止対策推進法は、大津のいじめ自殺事件を受けて、このような悲劇を繰り返さないようにという想いを込めて立案されている。この一つ一つの条文に込められた想いは理解できる。[4] その一方で、法律全体・条文相互の整合性に欠けている。そのため、言いたいことは何となく分かるが、現場でどうしたらよいか分からないような規定が多い。

　次に、いじめをなくしたい、あるいは放置されるいじめをなくした

---

2) 小西洋之『いじめ防止対策推進法の解説と具体策』（WAVE出版、2014）6頁及び27頁以下

3) 制度全体とそこにある課題を簡潔に説明するものとして、村山裕「学校をホウガクする　いじめ―学校は法の求めに応えられるのか」法学教室513号4頁

4) いじめ防止対策推進法の法案提出者の思いが記されたエッセイとして、馳浩の永田町通信（AppleTown 2013年3月号「いじめるなよ!!」https://apa-appletown.com/category/nagatacho/）がある。また立法の経緯及び個別の条文の制定に至るまでの国会の審議状況を分かりやすく説明するものとして、小林美津江「いじめ防止対策推進法の成立」立法と調査344号24頁（https://www.sangiin.go.jp/japanese/annai/chousa/rippou_chousa/backnumber/2013pdf/20130903024.pdf）が参考になる。

　各条文の趣旨については、前掲・小西『いじめ防止対策推進法の解説と具体策』が分かりやすい。

いという想いは明確に示されているものの、起きたいじめの法的責任の所在、いじめが起きた現場の管理・監督権限などと無関係に、いじめ対応を求める規定になっている。社会全体でいじめ問題に向き合いましょうということであろうが、皆それぞれ本来の役割がある中、関係者がどこまで対応しないといじめ防止対策推進法違反となるのかが読み取りにくく、どうしたらよいかが分からない。

　そこで、以下、可能な限り、現場での運用の仕方を簡明にするという観点から、いじめ防止対策推進法の内容を説明したい。

　いじめ防止対策推進法でも、最も解釈が難しいのが「いじめ」の定義であることから、これを説明した上で、いじめ防止対策推進法の概要を述べる。

2　「いじめ」の定義について

(1)　いじめの定義

　いじめ防止対策推進法では、2条1項で、「いじめ」を定義している。しかしながら、各条文を読むと、この定義と異なる意味で「いじめ」という言葉が使われているところがあるため、混乱の原因となっている。

　そもそも「いじめ防止対策推進法」という法律名の「いじめ」も法2条のいじめとは意味を異にする。

(2)　いじめの当事者

　いじめの当事者は、「児童等」となっており、児童・生徒間（法2条3項）を念頭に置いている。すなわち、子ども同士の問題に関して規定しており、教員の行為や、保護者の言動などにより、児童等が傷ついた場合については、いじめ防止対策推進法の適用はない。

　ただ、子ども同士という以上の縛りがないため、学校内でのいじめに限らず、学校の外で起きたいじめにも、いじめ防止対策推進法が適用されてしまうという問題がある（法3条1項）。

(3)　対象となる行為（いじめ）

　ア　法2条では、いじめとなる行為について、極めて広範に捉えている。

　　これは、いじめとなる行為を明確にするために限定的な文言を付加すると、そこを足がかりに、「これはいじめに当たらない」と判断されて、傷つき悩んでいる子どもが放置される危惧があるからである。

　　したがって、何でもかんでも「いじめ」にするという趣旨でいじめの定義を広げたのではなく、あれこれ理屈を付けて、「これはいじめではない」と学校が「いじめ」の存在を認めず、放置しないようにする趣旨が、社会通念上いじめでない行為を取り込むという形で裏目に出たにすぎない。

　イ　法2条におけるいじめは、簡単にいうと「心理的物理的に影響があって心身に苦痛を感じるもの」である。

　　やられた側が苦痛を感じている（あるいは通常であれば苦痛を感じる）かどうかが重要であり、やった側の悪意や行為の悪辣さなどは問題とされていない。

　　具体的には、好意でやったことが裏目に出て、思いもかけず相手が傷ついたとか、ある言動の意図を勘違いして相手が傷ついたような場合も、形式的には、いじめ防止対策推進法上のいじめ（いわゆる「法上のいじめ」）に該当する。つまり、法上のいじめは、一般にいうところのいじめ（いわゆる「社会通念上のいじめ」）とは異なるのである。

　このような説明を受けると、学校として、どうしたらよいのか分からなくなりそうである。しかし、法の趣旨が、早期発見にあることを念頭に置いて解釈すれば、学校としての対応は、必ずしも難しくはない。

　法が求めていることは、生徒が傷ついたり悩んだりしている様子を見かけたら、学校はいじめの存在を疑って動いてほしいということである。つまり「法上のいじめ」は、学校の定めるいじめ防止基本方針に基づいてアクションを起こす端緒として規定されたものであり、児童等の行為を「いじめ」と評価するために定めたものではないということである。

　だから「法上のいじめ」に当たる出来事であっても、児童等を指導するに当たり、「いじめ」という言葉を用いない方が適切な事案も多い。いじめ防止対策推進法は、そういった社会通念上のいじめに至らないような事案にも、いじめ防止基本方針に則って学校が動くことを期待し、早期発見とその対応を促しているのである。

⑷　対象となる出来事の範囲

ア　法2条では、「いじめ」を学校内の出来事に限定していない。

　そのため、学校が休みの日に、近所の公園で起きた子ども同士のトラブルも「法上のいじめ」の範ちゅうに含まれる。

　またインターネット上のトラブルも含むので、子どもの生活全般で起きた、子ども同士のトラブルは「法上のいじめ」に該当しうる。極端にいえば、兄弟げんかも「法上のいじめ」に該当しうるということである。

イ　学校の管理下にないところで起きた「法上のいじめ」について、学校にどのような調査権限が付与され、どこまで調査・対応

する義務があるのかについては、立法段階で意識的な議論はされていない。

そもそも、学校管理下にないところで起きた「法上のいじめ」について、学校が費用を負担してまで調査すべき根拠もはっきりしない。

この部分については、残念ながら、そういう法律ができてしまったのだから仕方がないと思うしかない。学校としては、できることとできないことを整理して、学校のできる範囲で調査・対応することになる。

(5)　いじめ防止対策推進法の中の「いじめ」の違いを理解しよう

　ア　「法上のいじめ」は、いじめ防止対策推進法を貫く統一的ないじめ概念ではない。

まず法2条の「いじめ」は、些細なことでもいじめを疑って対応を促すための、動き出しのきっかけを作ることを念頭に置いて、出来事に広く学校のいじめ防止基本方針の網をかけるための概念である。

これに対し、法1条の「いじめ」は、①教育を受ける権利を著しく侵害する行為、②心身の健全な成長及び人格の形成に重大な影響を与える行為、③生命又は身体に重大な危険を与えるおそれのある行為という社会通念上のいじめの中でも、かなり深刻なものを念頭に置いている。

一方、法4条の「いじめ」は、いじめを社会共同生活上禁止される行為としているから、法上のいじめと同義でないことは明らかである。そして、法4条のいじめをしないでほしいというメッセージは、法1条の深刻ないじめに限らないと考えるべきであるから、法1条のような深刻ないじめよりも広い、社会通念上のい

じめ全般を念頭に置いているといえよう。

イ　同じ法律の中に、様々な「いじめ」があるので混乱するが、定義規定である法2条のいじめを「法上のいじめ」と考えて学校は動かなければならない。

　　しかしながら、学校のいじめ防止基本方針を見ると、法1条、法4条のいじめ概念を併用しているどころか、むしろ法1条、法4条のいじめ概念を前提に基本方針を定めているかのような学校も少なくない。これでは基本方針の定めが、学校の適切な対応を妨げる可能性がある。

ウ　いじめ防止対策推進法に則って対応すべき、いわゆる「法上のいじめ」（法2条のいじめ）は、悪意のある行為、悪辣な行為のみではなく、クラス、部活、委員会活動などの中で、思いもかけず、結果的に相手が傷ついた行為などを含む。そのため、指導上、「いじめ」という言葉を使うことが適切でないような場合も多く含まれる。そういった理解があれば、生徒指導上の選択肢も広がる。また指導の対象となる行為をした生徒や保護者と面談するに当たっても、話がしやすいであろう。

　　また、「いじめ」という言葉が一人歩きし、「法上のいじめ」＝「社会通念上のいじめ」のような誤解は、事態を混乱させる原因にもなりかねないので、どの意味での「いじめ」かに配慮した対応が求められる。

3　いじめ防止対策推進法の概要

いじめの用語に関して、上記のとおり、一部の例外的規定を除き、法2条1項が規定する「法上のいじめ」とした上で、いじめ防止対策推進法の内容を説明する。

(1)　第1章　総　則（法1条～10条）

　まず第1章全体を見渡すと、ここでは、「いじめはよくないことだから、みんなやめよう。いじめをなくすために社会をあげて取り組んでいこう。」という心意気が宣言されている。現場としては、その心意気を酌めばよい。特に難しいことはない。

　第1章で重要なのは、前述のいじめの定義の理解である。

(2)　第2章　いじめ防止基本方針等（法11条～14条）

　ここでは、文部科学大臣、地方公共団体、各学校でいじめ防止基本方針を定めることが義務づけられている。そこで、学校は、各自でいじめ防止基本方針を定めなければならない。そして、これを怠ると、法令違反となる上に、「この学校は、いじめ防止のためのポリシーすらないのか。だからいじめが起きるんだ！」といじめの発生が学校の責任かのようになってしまうおそれもある。

　各学校のいじめ防止基本方針に盛り込むべき内容として、法令上は、①いじめ防止等のための対策の基本的な方向、②いじめ防止等のための対策の内容、③いじめ防止等の対策のための重要事項が挙げられている（法11条2項）。

　しかし、これらをどう定めるかで、いじめが増えたり減ったりするわけではない。そうであれば、ここでは「いじめと向き合う学校のやる気」が伝わればよく、それ以上のことを精緻に定める必要はない。強いて言えば、いじめ問題に対応する組織と重大事態対応の組織に関する定めがあれば足りる。

　いじめといってもその内容は様々である。特に「法上のいじめ」は日常的な用語の意味でのいじめに該当しないものも含む。そうであれば、それらの対応等について、あらかじめ基本的なパターンを設定して文章に定めることは実態にそぐわないし、適切でもない。場合に

よっては、余計なことを学校自らがいじめ防止基本方針に盛り込んだがために、必要とされる対応が遅れることさえ考えられる。また、ときには、基本方針が、学校の対応の形式的不備を突くためのチェックリストとして機能してしまうおそれもある。あまり精緻ないじめ防止基本方針は、学校が対応するに当たっての足かせとなりかねないのである。

　同様に、いじめをめぐる当事者の関係も複雑であり、被害者に対してどうするとか、加害者へはどうするとか、支援・指導の内容をあらかじめ定めることにも賛成できない。加害者・被害者が入れ替わりながら問題を生じたり、被害申告をした側が主たる加害者（要は、相手がそれに耐えかねてやり返した）だったという例もあるからである。学校の基本方針に支援態勢・指導体制を示すのは良いが、現実の出来事に対し、どのような支援・指導をするかは、事案によりけりであるから、基本方針には盛り込まず、個別に適切な対応を検討すべきである[5]。

　いじめ防止基本方針では、その学校が、「いじめを放置しない。」「いじめを隠蔽しない。」「いじめとしっかり向き合い、よりよい学校作りに努力する。」ことの宣言を基本内容とすれば十分なのである。

　なお公立の学校の基本方針が、国や地方公共団体の基本方針を書き写して分厚くなっている例も見られるが、これもあまり賛成できない。実際に起きたいじめについて、国や地方公共団体の定める基本方針のとおりの対応が適切かどうかは事案によりけりであるし、国や地

---

[5] 例えば、Aが、BCDに意地悪をした結果、BCDの3人がAと遊ばなくなったところ、Aの保護者から、Aが、BCDに仲間はずれにされていると相談された場合など、事案のどこを切り取るかで、加害者と被害者が入れ替わる場合がある。前回は加害者だった子どもが今回の被害者、前回は被害者だった子どもが今回の加害者という場面は、しばしばあり、加害者・被害者に子どもを二分できるという前提には誤りがある。

方公共団体の基本方針を受けて学校の基本方針があることは、ある意味、当然の前提であるから、重複するものは極力省略して、シンプルに教職員にも保護者にも読みやすく、分かりやすくする方が、活用しやすいはずである。

国のいじめ防止基本方針って何ですか？

【その⑥】　　実は意外と難しい質問。もちろん、何が書いてあるかは読めば分かる。しかし法的にどのような性質の文書なのか、その位置付けについての意識的な議論はない。

基本的には、「いじめ問題に関する国の施策をまとめたパンフレット」で、いじめ対応の参考資料のはずである。しかし法律と同等に遵守を求められるものという見解もないではない。法律に馴染みのない学校現場の先生方には、文科省の作成したものであるから、後者のような理解をしている方もいるかもしれない。

しかし、文科省が国公立の教職員以外にも法的な拘束力が及ぶような文書を出すには、それを認める特別の定めが法律にあること（法律の委任）が必要である（法律に基づく行政の原理）。しかし、いじめ防止対策推進法にそのような規定がないことには争いがない。

国のいじめ防止基本方針を読んでみても、いじめ対応について一定の示唆はしているが、特に指示・命令はしていない。文科省とて、このとおりやれば「いじめ対応は大丈夫」などと保証できるはずもなく、学校現場を拘束する趣旨で国のいじめ防止基本方針を作成してはいないはずである。

もちろん、法的拘束力がないとしても、国の基本方針に書かれている内容は、いじめ問題についての教職員に必要な知見ではある*ので、管理職だけでなく教職員も必ず、一読はしておくべきである。ただ間違えてはいけないのは、国のいじめ防止基本方針は、あくまで参考資料であり、それに従えば良いというものではないこと。実際のいじめ対応は、学校が把握した事実に基づいて、個別に適切な対応を考えなければいけないのである。

＊地方公共団体のいじめ防止基本方針に書かれていることが教員の知見として必要

であることを前提とする判決として、最高裁令和2年7月0日判決集民264号1頁、判時2472号3頁、判タ1480号123頁がある。なお、本判決が地方いじめ防止基本方針に裁判規範性（裁判の結論を決める基準として用いられること）を認めたとする見解もあるが、これは誤解である。国や地方公共団体のいじめ防止基本方針の法規範性を認めた場合、国民に対し権利を制限し、義務を課す側面があることを軽視しすぎである。

(3)　第3章　基本的施策 （法15条〜21条）

　ここでは教職員・保護者・生徒に向けたいじめ問題に関する資質向上のための研修・啓発と、いじめの早期発見に向けた定期の調査・相談窓口の設置が規定されている。具体的には、啓発活動（法15条2項）、定期の調査（法16条1項）、相談窓口の設置（法16条3項）、教職員の定期の研修（法18条2項）が義務づけられている。

　このうち、相談窓口の設置などの生徒の悩みに対する相談体制の構築は、どの学校でも、既に何らかの形で行われている。したがって、学校が備えるべき法による義務としては、生徒等に対する啓発活動、定期の調査、教職員の定期の研修になる。

　ア　啓発活動

　①　生徒に対する啓発活動

　　これは道徳（あるいは宗教）の時間やホームルームを通じての指導、生徒同士のディスカッション、外部講師の講義・講演、教材ビデオの視聴、集会などを通じての訓示など、様々な方法が考えられる。弁護士が提供できるメニューとしては、「いじめ予防授業」（各弁護士会でそれぞれの取り組みがなされている。）があるので参考にしてほしい。筆者が参考にしているのは、平尾潔『いじめで誰かが死ぬ前に　弁護士のいじめ予防授業』（岩崎書店、2009）である。

　　実際に、いじめ予防のための授業をするに当たって、検討し

てほしいことがいくつかある。

ⅰ　いじめ予防授業が模倣犯を生まないようにすること

　　ネットいじめの例の紹介などは、やり方を間違えるといじめのテクニック伝授になりかねないので、気を付けたい。

ⅱ　いじめを行ってしまった生徒の人格・人権を否定しないこと

　　法1条の定めなどを参考にすると、ついつい、いじめがいかに酷い行為かを生徒に理解させなければいけないような感じになる。そこで、勢い余って、いじめをしてしまった生徒には生きていく資格がないとでも言うような、加害者を苛み続ける授業になってしまうことがある。しかし教育機関である学校が、過ちを犯した生徒の生きる価値を否定するような授業をすべきではない。いじめに当たるような行為をしてしまった生徒が、自分のやってしまったことについて先生に相談してもよいのだということが伝わるようないじめ予防授業であってほしい。その方が、早期発見・早期対応に資するであろう。

ⅲ　なぜ「いじめ」についてだけ特別に学ぶのかについての考えをもって臨む

　　「いじめは犯罪」「いじめは人権侵害」では、「いじめは酷いこと」以上の説明になっていない（殺人予防授業や、万引き予防授業というのは、あまり聞かない。）。先生方なりの現時点での暫定的なものでよいので、子どもたちがいじめを考えるに当たって、大人なりの答えをもって臨むべきではないかと思う。

　iv　生徒向けのいじめ予防授業では、法 2 条のいじめの定義は
教えるべきではない

　　もともと法 2 条の定義するいじめは、社会通念上のいじめ
と乖離した概念であり、いじめ予防授業で予防したい「いじ
め」とは異なる。そのため、聞く側の思わぬ誤解を招かない
ためにも、法 2 条の説明はするべきでない。また法上のいじ
めについては、指導上、「いじめ」という表現を使わなくて
もよいとされているのに、子どもの側から、「こういうこと
を『いじめ』というって先生（弁護士）に教わったよ。」な
どと言われたら、かえって話がおかしくなる。いじめ予防授
業で生徒に覚えてもらいたいのは、いじめの定義ではないは
ずである[6]。

② 保護者に対する啓発活動

　　生徒に対するいじめ予防授業も重要であるが、近時、それ以
上に重要なのが保護者に対する研修（啓発）である。

　　学校現場で解決困難な事例の中には、生徒よりも、その背後
の保護者が原因であることも少なくない。それどころか、子ど
も同士が仲直りしているのに、保護者同士の争いが収まらず、
当事者であった子どもも困っているという例さえ見られる。

　　子どもが傷つけられたからと保護者が頑張りすぎることで、
かえって子どもの学校内での立場が悪くなるということもあ
る。子どもたちもよく見ているもので、保護者が頻繁に来てい
るのはいつの間にか伝わる。その中で「さすがにやりすぎじゃ
ないの」という雰囲気が漂えば、当初は被害者に集まっていた

6）筆者の意見に対する異論はある。あえていじめの定義を授業の最初に取り込
んでいる例として、真下麻里子『弁護士秘伝！教師もできるいじめ予防授業』
（教育開発研究所、2019）がある。

同情も、いつの間にか反感に変わる。あるいは、子ども同士は良好な関係に戻りつつあるのに「アイツの保護者がめちゃくちゃヤバい。」となれば、一緒に遊んだり、スポーツをしたりするのも敬遠されがちになり、周りにいた友だちもいつの間にか離れていくということもある。

　もちろん、自分の子どもをいじめられた保護者の苛立ちは、十分に共感できる。しかし子どものために必要なのは、勝つこと、相手に分からせることではなく、いじめを終わらせる、少なくとも、子どもに危害が及ばないようにすることのはずである。加害者への制裁や、加害者からの謝罪、仲直りさえ必須の要素ではない。

　そういったことは、他人ごとである限りは十分理解できるのであるが、いざ自分の子どもが被害者になると、そうは割り切れない。そういったことが起きる前の早い段階で、保護者に意識してもらう機会を作ることが望ましい。まさに「子どもの最善の利益」について、考える機会となろう。

　どのような内容の話をするかについては、第1章15頁を参考にしてほしい。

イ　定期の調査

　これは全校生徒に対するアンケートの形で既に実施している学校が多いであろう。ただ教職員の本務を考えれば、アンケートの集計でエネルギーを消耗されても困るし、各学年1〜2クラスといった小規模校では、生徒全体に目が行き届くので、わざわざアンケートなどしなくともよいとも考えられる。

　しかし、調査を実施している（法の定める義務を果たしている）のだと保護者等に知ってもらうことが保護者等に安心を与えることにもつながる。やはり、何らかのアンケート調査をする方

が好ましいであろう。

　アンケートの質問には、特定の案件を念頭に置いたものもあれば、「いじめられているか。」「いじめられている人を見たことがあるか。」といった一般的な質問から入っていく方法もある。それ以外にも、いじめに対する生徒の意識調査のような形式（どのような行為をいじめと感じるかなど）も考えられる。ここで意識してほしいのは、いじめがあるという場合に、それを告白しやすくするような質問を作るということである。

　また、アンケートは学校のオリジナルである必要はなく、業者の作成したアンケートでもよい。併用している学校も多いであろう[7]。

　なお、アンケートについては、関係者から開示を請求される可能性があるため、学校の情報開示のルールと連動することに配慮する必要がある。

　まず学校側の情報の開示に関するルールであるが、国公立では規定が整備されているのに対し、私立学校では十分な備えのない学校もあるので、あらかじめ、自校の状況を確認してほしい。

　次に、開示のタイミングである。いじめの対応も事件の捜査に類する側面があり、水面下で動いた方が良いことも多く、早期の情報開示が真相の解明・事案の解決につながるとは限らない。むしろ、不用意な情報開示は、情報漏洩となり得ることもあり、真相の解明の妨げになったり、時には、不可能にしてしまうおそれもある。そのため、情報開示のタイミングは慎重に検討する必要があり、事案解明のために一定期間、情報の開示を待ってもらう

7）筆者の関わっている学校では、Q‐U（Questionnaire-Utilities）https://www.toshobunka.co.jp/examination/qu.phpを活用している学校が多いが、様々なものがあるので、学校の実情または必要に応じて、適宜検討されたい。

ことも考えられる。

　なお、アンケートの保管期間であるが、当該児童・生徒が卒業後に問題を提起した場合に対処できるようにすべきである。原本を保存するのは場所を取るであろうから、スキャナーで読み込むなどの工夫をしつつ、一定期間[8]の保存をするようにしてほしい。

ウ　教職員の定期の研修

　定期の研修は、公立のように教育委員会で企画してくれるならまだしも、国立・私立学校にとっては、なかなかに重たい課題である。講師の選定だけでなく、費用の問題もあろう。また、教職員の研鑽といった場合、やった方がよいことは無数にあり、とても時間が足りない。

　そういった中で研修を実施するに当たっては、学校単位で外部講師を招いて勉強会を開く方法のほか、外部の講習等に数名の教員を派遣し、その教員がそこで学んだ内容を職員会議等で報告し、教職員全体で成果を共有するといった方法もある。教職員は、いじめ対応以外にも研鑽すべき事柄は多いと思われるので、柔軟に対応してほしい。

---

8)　ここにいう一定期間は、学校との関わりにもよるが、民法上の不法行為に基づく損害賠償請求権の消滅時効が5年（民法724条1号、724条の2）であることから、卒業してから最低でも、5年程度は、確認できる形で保存しておくことが望ましい。また、私立の小学校を卒業し、系列の中高一貫校に進んだというような場合は、少なくとも、当該系列校を卒業するまでは、保存しておくとよいであろう。

　この保存期間は、単純に法律上の責任の有無を立証する手段という意味だけではなく、古い話を蒸し返されたときに、曖昧な記憶に頼るのではなく、当時の資料を確認しながら客観的資料に基づいて対応できるという意味もある。

　資料をスキャナーで読み込んだり、その後の保管方法を決めたりする手間などがあるが、2～3年前の話を蒸し返されたときに手元の資料がない辛さを味わうよりは良いのではなかろうか。

いじめ防止基本方針に書いてあるのにやってない!?

【その⑦】　　　　望ましいことではないが、学校の定めたいじめ防止基本方針（以下「学校基本方針」という。）が守られていないことがある。この場合、法的にはどのような問題を生じるか。

　まず、学校基本方針に書いてあることをやらなかった場合についてであるが、そのことだけでは法的な問題を生じない。学校基本方針は法規範ではないから、それ自体に法的拘束力はない。言ってみれば公約違反であり、いじめという軽視できないテーマに関するものという性質上、校長便りに書いたことをやらなかった場合よりは強い道義的・社会的な非難を受けたり、管理職の人事評価に影響したりはする。やるべきことをやっていないのであれば学校の対応を改善すべきであるし、やらなくても良い、あるいはやれないことを学校基本方針に書いてしまっているのであれば、学校基本方針を改めるべきである。いずれにしても法令違反ではないとしても、約束は守るべきである。

　次に、実際のいじめ対応で、学校基本方針に書いてある内容と、学校の現実の対応が異なる場合についてである。

　この場合、学校が考える適切な対応と学校基本方針に書いてある内容がずれているのであるが、当然ながら、前者の方が優先される。生徒に対する安全配慮義務という法的義務にかかわるから、目の前のいじめについて適切でない対応になってまで学校基本方針を守る意味はない。関係者からは反発もあろうが、学校の考え方を関係者に説明していくしかない。

　結局、大事なのは、学校基本方針を守っているかではなく、生徒に対する安全配慮義務を果たしているかである。

　とはいえ、学校基本方針は、自分達で宣言したことだから守った方が良いことには違いない。いじめ対応をどうするかの前に、基本方針を守っているかで揉めて、そこに時間と労力を取られては本末転倒である。もう一度基本方針を読み返して、できない約束、いらない約束をしていないかをきちんと確認してほしい。

⑷　**第4章　いじめの防止等に関する措置**（法22条〜27条）

　この章の定める内容を要約すると、いじめ防止等の対策に関する組織の設置（法22条）、いじめが判明した場合の学校設置者に対する報告義務（法23条2項）、学校による適切な対応の要請（法23条1項〜5項、25条〜27条）、いじめが犯罪行為として扱われるべき場合の警察との連携（法23条6項）がある。

　ア　いじめの防止等の対策に関する組織の設置

　　この規定は、いじめ予防・対応に当たる組織を明確にすることを求めるものであって、新たな組織の設置を義務づける趣旨ではない。そのため、既存の組織を活用してもよい。むしろ新たな組織を設けると会議が増え、これまで生徒指導に対応してきた既存の組織との役割分担・意見調整という、あまり有意義でない作業を生じるおそれがある（大勢で知恵を出し合うというようなよい方向に向けばよいが。）。そのため、既存の組織を活用する方が好ましいと考える。もし特別な対応をするのであれば、既存の組織を活用しつつ、重大な案件が発生した場合に、構成員を追加した拡大会議を実施できるようにすればよい。

　　新たな組織を設けることで生じ得る最悪のケースは、「いじめ対策委員会」を新たに設置したものの、既存の生徒指導部で議論をしているため、いじめ対策委員会が開かれなくなることである。こうなるといじめ対応はしていても、いじめ防止対策推進法との関係では、いじめ対応の組織（いじめ対策委員会）が機能していないとして、法令違反をとがめられかねない。学校の実情に合った法22条の組織を基本方針に定めてほしい。

　　なお、条文を見ると、心理や福祉の分野などの専門家を構成員としなければならないようにも読めるが、これはあくまで例示であり、いじめ防止等の対応組織としての体をなしていれば、外部

　の専門家を構成員とすることまでは必要ない[9]。学校の実情に応じ
て組織を構成すれば足りる。

　また、いじめ対応の組織の設置に合わせて、相談窓口をどうす
るか（これも相談窓口を新たに作るのではなく、相談先が明確で
あればよい。）も明示しておくとよいであろう（法16条3項）。

---

9)　神内聡氏は、筆者の見解と対立する意見として、法第22条の組織に、「必ず教
　員以外の専門家を入れるべき」とする（神内聡『学校内弁護士　学校現場のた
　めの教育紛争対策ガイドブック〔第2版〕』（日本加除出版、2019）98頁）。
　　しかし、神内氏の見解と筆者のそれとは結論は同旨であろう。神内氏も、法
　第22条の組織に専門家が配置されていない場合、いじめ防止対策推進法に違反
　する学校経営をしているとして、学校設置者や学校の管理職が、教育委員会や
　法人の理事会から法的責任を問われると述べるものではないと思われる。そう
　であれば、法第22条の組織に外部の専門家を常任の委員とする法的義務はない
　という点で、筆者の結論と同じはずである。一般的な運用でも、公立学校であ
　れば、各教育委員会が外部の専門家と提携して、必要に応じてそれぞれの学校
　に専門家を派遣するという方法を取っており、各学校のいじめ防止対策の組織
　に、外部の専門家が常駐していないことをいじめ防止対策推進法違反とはしな
　いであろう。筆者と神内氏の違いは、神内氏の方が、筆者よりも、より積極的
　に専門家の活用を推奨しているということである。
　　なお神内氏と似て非なる見解として、外部の専門家を「事案対処の際に臨時
　的に活用できるように委員として登録しておく」（小西洋之『いじめ防止対策
　推進法の解説と具体策』（WAVE出版、2014）144頁）というものがあるが、
　これは前提に誤解がある。外部の専門家は委員として登録された以上、専門家
　としての善管注意義務（民法第644条）を負うので、会議への参加は「臨時的
　に」では済まない。そのため学校側も、毎回外部の専門家に連絡をし、事前に
　資料の送付を準備し、欠席した外部専門家への議事顛末の報告などをしなけれ
　ばならない。これでは学校現場はさらに疲弊し、子どもたちへの対応の時間が
　事務作業に奪われるという本末転倒な事態になりかねない。それに加えて、外
　部の専門家を常任の委員とすることの費用もバカにならない。
　　外部の専門家の知見が有用であることは概ね異論のないところであるが、未
　然防止・早期発見・事案対処それぞれの場面で必要とされる専門的知見も違
　う。重要なのは、必要なときに外部の専門家の知見を頼ることのできる学校側
　の体制作りであり、法第22条の組織に外部の専門家を常任の委員とすること
　には無理がある。

イ　いじめ、もしくはそれが疑われる事実が判明した場合の学校設
　置者への報告義務

　　対応の難しい規定である。「いじめ」といっても、「法上のいじ
　め」であるから本当に多種多様であり、毎日、数えきれないほど
　に生じている。そのため、どの範囲を学校設置者に報告すべきか
　は、かなり裁量的になるはずである。また附属校を多数抱える大
　規模な学校法人で、学校設置者に報告をする意味があるのかも疑
　わしい。そもそも学校設置者に報告しても、初期の段階で学校設
　置者が何かをすることはほとんどないであろう。

　　法の趣旨としては「いじめを隠蔽せず、学校を挙げて取り組
　め。」ということであろうから、学校設置者に大小様々ないじめ
　を報告して、教育委員会や法人理事会を混乱させても仕方がな
　い。学校種別や規模を考慮して作られた規定ではないので、条文
　の文言にぴったり合致する上手な対応を見いだすのは難しい。学
　校としては、適切に対応できればよいのであるから、「いじめ」
　という単語が当事者・保護者の口から出たら、まずは校長に報告
　した上で、放置・隠蔽を疑われないようにすることと、学校を挙
　げて適切な対応をすることを心がけてほしい。

　　なお学校設置者に対しての問い合わせがなされるおそれがあっ
　たり、マスコミ対応が必要となり得たりする案件については、大
　小を問わず、早期に問合せが行きそうな部局に必ず報告し、情報
　の錯綜を回避する必要がある。

ウ　警察との連携

　　警察との連携も、難しい問題である。学校は教育機関であり、
　裁きの場でも、刑場でもない。いじめの被害者も警察沙汰にする
　ことを望むとは限らないし、いじめを目撃した生徒も、警察沙汰
　にされるとなれば教職員等に相談しにくくなる。本来、警察に通

報するかどうかは、被害者本人及びその保護者が決めることである。学校が被害者よりも先回りする必要があると考えられる例としては、被害者側の一方的な情報がいきなり警察に行くようなことになるよりは、学校から、事前に警察に情報提供をしておく方がよい場合があるという程度である。また、マスコミが関与しそうな案件については、報道で警察が知るより、学校から先に警察に事情を知らせておく方が混乱を避けられるとはいえる。

　学校としては、警察の援助が必要と思う場合[10]に、学校が警察との連携を図れる体制があればよい。

(5)　第5章　重大事態への対処（法28条〜33条）

ア　重大事態に関する特別の規定を設けた趣旨

　学校は、既に認知した法上のいじめについて、必要な対応はしているはずである。

　それにもかかわらず、重大事態に関する特別の規定を設けたのは、そのいじめがどこにでもあるというレベルではないため、より精緻な調査を行い、再発防止の必要性が高いことによる。そこで、事実関係の調査・再発防止策の検討が不十分なままうやむやにならないように、調査結果を報告させ（国立は文部科学大臣、公立は地方公共団体の長、私立は都道府県知事）、場合によっては再調査をすることを可能にしている。

　注意を要するのは、ここに規定する「いじめ重大事態」の「い

---

10)　どのような場合に警察の援助が必要と考えるかであるが、筆者としては、つきまとい、ストーカーの要素が見受けられる場合は、警察に相談することを勧めている。ストーカー対応の知恵は、いじめ対応のそれとは大きく異なり、一般教職員の知見では対処できないからである。それ以外は、概ね、被害者側で警察に相談するかどうかを考えれば良かろう。

じめ」は、「法上のいじめ」が前提であるということである。そのため、やった本人としては、何ら悪気なく、また周囲から見ても全く問題のないと思われる行為であっても、重大事態の加害者とされる生徒も生じてしまう。その意味では、重大事態規定には当てはまるが、実態は重大事態ではない重大事態もある。[11)]

　しかし、「法上のいじめ」に該当し、かつそれが重大事態に形式的に該当する場合、たとえその出来事に学校が日常的な業務として対応していたとしても、「重大事態」ないし「重大事態が発生した疑い」を認定して、必要な手続き・対応をしていないと、それだけで、法令違反として責任を追及されるおそれがあるので、気を付けてほしい。

イ　重大事態の意義

　条文の規定する「重大事態」は二つある

①　生徒の生命・身体・財産に重大な被害が生じた疑いがあるとき

　　ここで何をもって重大な被害というかは不明であるが、その審議・判断に時間を費やしても仕方がない。判断の指針とし

---

11) 例えば、生徒Aが、生徒Bのことが好きで、交際を申し入れたところ、冷たくふられてしまい、ショックで1か月学校を休んだという場合、生徒Bの行為は「法上のいじめ」には形式的に該当するし、長期欠席という点で、重大事態の要件にも該当するが、生徒Bを「加害者」とは呼ばないし、この出来事を通常は「失恋」というのであり、社会通念上は、「いじめ」とは呼ばない。
　しかし、いじめ防止対策推進法上は、いじめ重大事態に該当してしまう。
　ここで重要なのは、長期欠席の原因を学校がきちんと把握していることである。いじめの早期発見には、網を広くかけておく必要があるから、こういった事態が生じるのもやむを得ない。また、後々になって、あの欠席は「いじめ」が原因だったと言われる場合もあり、学校としては、対応の記録を残すという意味でも、きちんと対処しておく意味はある。
　このようなものまで重大事態とする必要はないとも考えられようが、むしろ、社会通念上のいじめに該当しないものにまでアンテナが立っている学校の感度の高さと考えて評価するのが、法2条のいじめの定義の趣旨に適う。

ては、隠蔽を疑われないようにすることであるから、迷ったら重大事態として扱うつもりでいた方が良かろう。事態を軽く考えるのが問題なのであって、重く考えることは、決して法の趣旨に反するものではないからである。

② 　いじめ被害者の相当期間の欠席

　この相当期間は、年間30日を目安とするとされる（文部科学大臣決定「いじめの防止等のための基本的な方針」（平成25年10月11日（平成29年３月14日最終改訂））。しかし、生徒が30日休むのを待って重大事態とするというのもおかしな話である。かといって、これを12か月で割って２、３日でも連続して休んだら重大事態とされるのでは、被害生徒にとっても迷惑である。そもそもいじめ自殺等を防ぐのに、被害者が安心して学校を欠席できるという選択肢を与えることも大事である。そういったことを考えると、１週間から10日間学校に来られないといったあたりで、重大事態に至る可能性のある案件として対応の準備をし、頭出しの報告をしておくことを検討してはどうかと思う（30日になってからでは、ギリギリまで放置したと指摘されるおそれがあり、早期発見の趣旨からは、早めのアクションが望ましい。）。

　気を付けてほしいのは、いじめが原因の可能性がある卒業間際の欠席である。欠席20日で卒業式が来たからセーフと考えるのではなく、卒業までにきちんとした事実確認と法に従った発生報告までは済ませるべきである。そして関係者の進学先が別々であるなどの事情から、いじめの継続はないという場合には、その旨、卒業した学校で結果報告をすればよい。一方で、進学先が同一の学校である場合は、継続して欠席をすれば、30日の欠席になるのであるが、進学先で重大事態の発生報告をしようにも、進学先では、現在の人間関係しか把握しようがな

い。そのため、事実関係の把握は、卒業した学校にしてもらわなければ困る。卒業間際の大変な時期ではあるが、法の趣旨を踏まえ、在校中に然るべく対応をして、進学先に申し送りをする必要がある。この場合、卒業した学校で重大事態の発生報告、進学先で最終報告を作成することになろうが、少なくとも、最終報告の作成名義は、卒業校、進学先の学校を併記することになろう。

　なお上記①②の場合以外でも、学校の判断で重大事態と認定して対応することができるかについては意識的な議論がなされていない。

　法の趣旨である早期発見・早期対応の観点からいえば、事態を軽視することは問題であるが、重視することは趣旨に適うはずである。したがって、上記二つの場合以外でも、学校の判断で重大事態とすることは、条文解釈上は許されると考える（上記二つ以外を重大事態とすることを禁止する趣旨で規定したものではない。）。

　ただ、行政の用意している重大事態の報告書式では、上記二つの場合のいずれかであるかを示すことになっており、筆者の経験上も、上記二つの場合にきれいに当てはまらない場合、行政からは重大事態としないように指導を受けることもある。そのため、現実には、「学校としては重大事態相当と考えているが、対行政では、それができない。」と被害者とされる側に説明をした上で、学校内では重大事態として対応することになろう。

ウ　重大事態の調査組織

　重大事態の調査組織のあり方について特段制約があるわけではないので、各学校の基本方針の定めと、重大事態の内容に応じて

編成をすればよい。

　具体的には、①学校教職員による調査組織、②学校教職員だけでなく外部委員を加えた調査組織、③第三者委員会の3通りが、代表的なものとして考えられる。

　①は、事実関係を学校が既に把握しており、必要と思われる対応ができているため、特段の追加調査や専門家の助言の必要性に乏しい場合が考えられる。

　②は、調査報告の取りまとめに法律家の知見が必要であったり、心理・福祉の専門家の助言・協力だったりする必要な場合である。外部委員の登用は、人的資源のほかに財源等の限界もあり、どこまで外部委員を登用するかの判断は難しい。

　③は、学校の対応、特に管理職の対応に問題があり、外部の目で学校の責任を明確にし、組織改革の提言が必要とされるような場合に有用である。

　ただ、純粋に第三者が調査するとなると、調査者が普段の子どもたちの様子を全く知らないので、実際にあったいじめの事実認定について、思わぬ過誤を生むおそれもある。

　また近時、調査組織の編成に関して、制約的な議論がなされる傾向が見られる[12] 具体的には「調査組織の公平性・中立性の証明がない[13]」「調査組織の構成員となるには所属する職能団体の推薦

---

12) 文部科学省の重大事態調査のガイドラインの記載が、字面だけ見ると制約的に読める記載になっていることが原因である。しかし文部科学省が調査組織の構成に介入する権限があるわけではないし、いじめ防止対策推進法が、そのような権限を付与しているわけでもない。当該ガイドラインは、調査をするに当たってきちんとした人選をすることを求めたのであり、調査の構成員の選定に当たって職能団体や学会の推薦は、その一例として言及したにすぎない。職能団体や学会の推薦を求めたり、義務づけたりしたものと読むのは、法的に誤りである。
13) 公平性・中立性を証明せよという議論自体が、証明責任の考え方に誤解があ

が必要」などの議論である。しかし調査主体の人選でもめていて
も仕方ないので、学校としては、人選の理由を説明して調査を開
始するしかない。

　多くの場合、被害申告をしている側から委員の人選に意見が出
るが、被害申告をしている側が隠れた加害者であるなどという場
合もあるし、何よりも調査を開始すると決めた以上、関係者の記
憶が曖昧になる前に迅速に対応する必要がある。そのため、関係
者の意見は参考としつつも、学校としても、いじめを放置するわ
けにはいかないので、まずは立ち上げた組織で、可能な範囲での
調査をすべきである。

　もっとも、そのような対応をしようとすると、被害申告をした
側の調査協力が得られない場合もある。時には、被害申告をした
側が調査をしないでほしい旨申し入れてくる例もある。しかし、
調査をどのように行うかは、あくまで調査組織が判断すべきであ
り、被害申告をした側の意見に拘束されるわけではない。もし関
係者の意見に拘束されるようであれば、それこそ、調査の公平性
が疑われる。

　学校としては、関係者の承諾がなければできないことと、承諾
がなくてもやらなければならないことを整理し、その時点で必要
な対応を考えていくことが重要である。

る。公平性・中立性に欠けると主張する側が、その主張を裏付ける証拠を出す
必要があり、学校側は、その主張に反論すれば足りる。公平性・中立性に欠け
るとすべき積極的な事情（関係者が親族であったり、関係者との間に特別な利
害関係があるなどの事情）があるなど、特段の事情がない限り、調査組織の構
成に関して違法はない（福岡地裁久留米支部令和4年6月24日判決判タ1506号
181頁）。

エ　重大事態の調査開始

i　新たな調査の要否

　　重大事態の調査開始といっても、通常は、重大事態に至る前にいじめ対応は、始まっていることが多い。そのような場合は、調査の中心が法22条組織の調査から、法28条組織へと引き継がれていく中で、資料の確認・評価を行い、追加調査の必要性を確認するという作業からスタートすることになろう。

　　稀に、体調不良・心身の不調で学校でのトラブルなどが原因ではないといって長期欠席をした後、保護者から突然、「実は、○○くんに嫌なことをされてそうなったんです。」と言われて、いきなり重大事態に発展するという例もある。このような場合、時間の経過による子どもたちの記憶の変容を考えると、追加の調査を行うことが適切かどうかさえ疑われる場合もある。記憶の変容により調査結果が歪められる可能性があるのであれば、子どもからの新たな聞き取り等の調査はかえって有害な場合もあり、既存の資料を中心に調査をすることもある。どの範囲でどのような調査を行うか、調査組織として慎重に検討する必要がある。

ii　関係者への事前説明

　　重大事態の調査開始に当たっては、関係者に、必要な説明（調査の方針等）をすることが望ましいが、実際に調査の対象となる生徒の保護者には、被害者・加害者を問わず、学校として、何らかの説明を既にしているのが通常である。

　　それ以上の事前の説明を求められても、学校外の第三者を加えた組織で調査をするような場合、ある程度調査に着手してみないと、どういう方向に進むか分からない、あるいは調査委員会の意見を出しようがないという例もある。また、デリケート

な案件（被害申告をしている側の説明に重大な疑義がある場合や加害者と被害者が時期により入れ替わっている場合など）では、被害申告をした側より、加害者と名指しされた側に、先に状況を説明して、調査への理解・協力を得る方がよい場合も考えられる。

そのため、どのタイミングで説明の場を設けるかというのは事案によりけりであって、学校として、当該案件についてどのような対応が適切と考えるかを整理する必要がある。

その際、文部科学省のガイドラインを参考にするのは当然であるが、そこに書いてある内容に拘泥するのも適切ではない[14]。ガイドラインも全ての案件に対応できるように定められたわけではないので、ガイドラインの文言に従うことよりも、目の前の案件にどういった対応が適切かを考えることの方が優先されなければならない（一般に、ガイドラインと違う対応をしなければならない事情がある場合、地方公共団体ないし文部科学省の担当者に事情を説明すれば、ガイドラインはあくまでガイドラインであり、学校の判断で適切に対応するよう助言されるが、ごく稀に、そうでない担当者に出会うこともあり、その場合は悩ましい。）。

14）ガイドラインの法的拘束力については、専門家の中にも、一部に誤解が見られるようである。法的拘束力がないのがそもそもの前提であるが、強行法規の内容を具体化するような比較的強い指導として機能するガイドラインから、こんな感じでやりましょうという一応の目安を示す程度のガイドラインまで、様々である。重大事態調査に関するガイドラインは、もともと調査組織の人選や調査自体に介入する権限のない文部科学省が定めたものであり、いじめ防止対策推進法自体も、調査組織の人選や調査自体について法的に拘束をしていないのであるから、ガイドラインの効力としては後者に属する。したがって、ガイドラインをあえて無視する必要はないが、ガイドラインに沿っているかより、調査組織として、事案に応じて適切に対応することの方が重要である。

オ　調査結果のとりまとめと関係者への確認

　　重大事態の調査内容がある程度まとまったら、報告書が作成される。

　i　報告書の形式

　　調査組織が作成する報告書の形式は、①調査組織の報告書と、それを添付した所管部局への報告書を作成する場合と、②所管部局に提出する報告書だけが作成される場合とがある。学校主体調査で、法22条組織がそのまま重大事態調査報告をする場合などは、後者が選択されよう。外部有識者を調査組織に入れた場合には、所管部局への報告書とは別に、学校設置者宛の調査報告書が作成されるのが通常である。

　　それぞれの報告書については、関係者に閲覧等の希望の有無を確認し、閲覧等をした関係者には、調査主体あるいは所管部局に対し、報告書の内容について意見を述べることができる旨、説明しなければならない。

　ii　関係者の閲覧等の方法

　　関係者の閲覧等の方法としては、報告書の原案を渡す場合もあれば、学校に来て閲覧してもらうにとどめる場合もあろう。読み上げる例もあるようであるが、関係者にとって理解しやすい方法であるかは定かでない。なお原案を手渡す場合には、その取扱いに注意を促すと同時に、万が一の情報漏洩にも配慮する必要がある。

　iii　報告書の閲覧等について希望を聞く関係者の範囲

　　次に、調査組織が報告書の閲覧等の希望を聞く関係者の範囲であるが、一般に、被害申告をした側と学校側には確認を求める。もちろん、被害申告をした側が既に卒業している場合などは、報告書など見たくもないということもあるが、そのような

場合にまで無理に送りつける必要がないことは当然である。閲覧を希望しない旨の回答を得たことを記録に残せばよい。一方、加害者とされる側に意見を求めるべきかについては、文部科学省のガイドラインに特段の記載がないこともあり、若干、意見が分かれる。しかし加害者とされる生徒の側にも、手続保障は必要であるから、確認を求めるのが原則と考えるべきである。少なくとも、加害行為を認定する以上は、加害者に弁明の機会は与えなければならない。

iv　関係者に報告書の確認を受けた後

　調査組織が関係者に報告書の確認を受けた後、関係者から報告書の加筆修正の要望その他何らかの意見が出されることがある。もちろん、そこで述べられる事項については特に制限がないので、報告書を読んだ後の気持ちを述べたり、事実認定に対する不服や再発防止策についての意見、場合によっては調査組織に対する不満など自由に述べてもよい[15]

　そして、そこで提出された意見に理由があると判断した場合、通常は、調査組織の側で報告書に必要な修正がなされるであろう。これに対し、報告をする側で修正を受け容れられないような意見が出された場合は、報告書に、その意見書を添えて提出すればよい。こういった手続きについては、関係者に報告書の内容を確認してもらうのに先だって説明しておくべきである。

　関係者から提出される意見書は、学校宛に出して、学校の報告書と併せて所管する先に提出されるのが通常である。学校に

---

15)　筆者の経験では、第三者委員会の調査内容が、あまりに学校の認識と隔たりが大きいので、第三者委員会の調査結果に対する学校の意見書を作って提出したこともある。

提出されなければ、その意見を踏まえた報告書の修正ができないからである。しかし意見書の作成者が、学校に中身を見られたくないという例もあり、そのような場合は、学校を経由せず、所管する部局に直接提出してもらうことになる。

　なお、学校が所管する部局に報告書を提出するに当たり、いきなり完成原稿を送ることは望ましくない。いじめの当事者が報告書の内容に納得していたとしても、所管部局の側で聞きたいことが残ってしまうと、追加の報告なり報告書の修正が必要になり、迂遠である。所管部局の担当者が嫌がる例もあるが、関係者の意見を聞いて報告書の内容がまとまったら、所管部局にも事前に見てもらうことが望ましい。

カ　再調査

　重大事態調査の報告を所管する部局は、報告書の内容を確認し、関係者の意見などを踏まえ、再調査の要否を判断する。

　もちろん、所管部局は、再調査の前段階として、学校側に追加調査を指示ないし指導することもできる。ただ、そうなることを避けるために、所管部局に、事前に報告書に目を通してもらい、不十分あるいは分かりにくい箇所があれば、必要な修正を加えて、正式な報告書を提出する方が、迅速な処理に資するであろう。

キ　調査結果を公表する場合

　重大事態の調査結果について、関係者への説明にとどまらず、学校のホームページなどを通じて公表する例がある。公表するのは、基本的には、社会的に説明を求められるような特別の事案であるが、公表することの意義と弊害についてきちんと検討してほしい。

　既に、マスコミで大々的に報道しているような事例であれば、

報告書を公開した方が、情報が錯綜しなくてよいという場合も考えられる。しかし、通常は、報告書自体を公表する必要性には乏しいように思われる。

　もちろん、報告書の公開が検討されるような案件については、起きた出来事とその教訓を風化させないために、という要請もあろうが、その目的達成の手段として、報告書の公開が適切かは慎重に検討する必要がある。むしろ、関係者のデジタルタトゥーとなる弊害の方が大きいように感じる。起きた出来事と教訓を風化させないという目的であれば、継続的な再発防止策を講じる方が、目的達成のための手段として適切ではないかと考える。

ク　私立学校と重大事態調査

　私立学校は、重大事態についての報告先である所管部局が都道府県知事となっている。実際には、私学担当部局が窓口になるのであるが、その対応は都道府県ごとにまちまちである。また担当者の交代で運用に大きな変更を生じることもある。公立学校でいうところの教育委員会のように学校の対応に協力的なところ（担当者）から、厄介事を持ってきたとでも言わんばかりの塩対応のところ、あるいは学校以上に過敏に反応して、一層大ごとにしてしまうようなところまである。

　ただ、いじめ防止対策推進法施行直後、一つの懸案であった、重大事態を都道府県知事に報告することで、当該私立学校の運営に教育委員会あるいは地方公共団体のひもが付くというような事態は生じていなさそうである。

　もう一つ、私学にとって悩ましいのは、費用負担である。公立学校は、条例で委員一人当たりの報酬が決まっており、その報酬は公費でまかなわれるが、私立学校では、学校法人の負担で専門家を入れることになるから、相応に費用がかかる。そもそも学校

にいじめの発生に関する法的な責任がない場合にまで、各ご家庭
から集めた学納金から数十万円、あるいは100万円単位のお金を
いじめ調査のために投じさせられる理由があるのか、疑問がない
ではない。いわゆる私学助成とは別に、法10条に応じた何らかの
補助を考える必要があったかと思われるが、十分な検討がされて
いないところである。

ケ　国立学校と重大事態調査

　国立学校も、独立行政法人であり、教育委員会のサポートがな
いという点や予算上の問題があるという点で、私立学校と同様の
問題を抱える。ただ比較的、国立学校は系列の幼小中高大と連携
がしやすく、教育系の学部を設定していることも多いため、専門
家の支援を受けやすい。

　もっとも、同一法人内で人を手配するため、第三者性に欠ける
などの批判を受け、調査開始時点でもめる例があるのは、既述の
とおりである。ただ適切に調査・対応する以上のことを法が求め
ているわけではないので、そのような同一法人内の専門家を入れ
た調査組織による調査にも法的には問題がない。むしろ法は、学
校設置者に報告し、学校を挙げての対応を求めているのだから、
当該学校法人の英知を集めての調査は、法の趣旨に反するもので
はないし、費用に対する手当てが特別にない場合や、外部から人
材を募るより迅速に対応しうることを考えても、上記のような組
織の設置の仕方は、一つの典型例と考えてよい。

コ　文部科学省のいじめ重大事態の調査に関するガイドラインにつ
いて

　このガイドラインも、いじめ防止対策推進法と同等以上に理解
が難しい規定を多数含む。これは、法上のいじめが広範な概念で
ある結果、重大事態も広範な概念になり、その広範な態様の重大

事態を網羅するガイドラインなど作成しようもないからやむを得ない。

　さらに、いじめ防止対策推進法自体の建て付けが、被害者と加害者の対立構造を念頭に置いているため、加害者・被害者が入れ替わりながら生じたいじめなどという事案を念頭に置いたガイドラインが作りにくく、ガイドラインの字面に拘泥すれば、法の弊害を助長しかねない。

　文部科学省も、ガイドラインを徹底したいのではなく、ガイドラインを参考に、各学校が、いじめに適切に対応していくことを求めているのである。そもそもガイドラインに法的な拘束力はない。したがって、ガイドラインを参考にしつつも、そこにどう書いてあるかではなく、目の前の事案にどう対応するのが適切かを常に考えることが大事であると肝に銘じるべきである。

コラム　ガイドラインはガイドライン

【その⑧】　　筆者は、いじめ重大事態の対応に当たって、文科省の重大事態調査ガイドライン（以下「重大事態ガイドライン」という。）と異なる対応をするときは、文科省に一応、電話で相談をすることにしている。

　学校の考える対応で良いという返事を頂くことはないが、注意点の示唆を頂けることはある。ただ概ね、「ガイドラインはガイドラインですから。（個別の案件については、）適切な対応を御願いします。」ということで、「重大事態ガイドラインに従わないとは何事だ。」という返事を頂くことはない。

　ところが実際の現場でお会いする方々との関係では、「重大事態ガイドラインを遵守してください。」「重大事態ガイドラインに従っていない調査は受け容れられない。」と調査の開始段階から揉めることも多い。

　もちろん、あえて重大事態ガイドラインに逆らうのは無意味だが、いじめ

は多種多様であり、事案の特質を考えずに重大事態ガイドラインに従うのも適切ではない。何よりも、重大事態ガイドラインに法的拘束力があるかのような議論は、その前提に誤りがある。

　重大事態ガイドラインに法的拘束力があるとした場合、その規定の中には、いじめ防止対策推進法が規定していない、加害者とされた児童生徒とその保護者に対する人権制約や、私立学校に対する義務づけを伴うことになるから、重大事態ガイドラインは、法規命令（委任命令）の性質を持つことになる。法規命令を定める前提として法律の委任が必要であるが、いじめ防止対策推進法には、それがない。それにもかかわらず、重大事態ガイドラインに法的拘束力があるとすると、重大事態ガイドラインが憲法に違反するという問題を生じてしまう。文部科学大臣や文科省にしてみれば迷惑な話ではなかろうか。

　「ガイドラインはガイドライン」という文科省の説明は正しく、これを参考に、現場で個々の案件についての適切な対応を個別に考えることが重要である。学校側の対応が重大事態ガイドラインを守っているかどうかではなく、学校側の対応が、具体的に適切かどうかという実質的な議論ができれば良いのだが、どうしても重大事態ガイドラインの存在が先走る。

　「ガイドラインはガイドライン」のはずなのであるが……。

第**3**　いじめの法的責任と対応

1　いじめ防止対策推進法といじめの法的責任

　いじめ防止対策推進法は、いじめが学校管理下で起きたか否かに関係なく、学校のいじめ対応の組織による対応を求めている。ただし、いじめ防止対策推進法により学校に何らかの特別な権限が付与されたわけではないから、学校のなし得る範囲で事実関係の調査等の対応をすれば問題ない。学校ができることには限界がある。

　本来であれば、いじめの責任はいじめた側にあるのであり、中学生以上であれば、不法行為責任を負うだけの責任能力が認められるのが通常であるから、いじめた本人が法的責任を負う（小学生は、責任能力が否定される傾向にあるので、監督義務者である親権者が法的責任を負うのが通常である。）。

　したがって、いじめがあったこと自体について学校が責任を負うというのは、学校の生徒に対する安全配慮義務違反がいじめに寄与した場合、例えば、いじめそれ自体あるいは、いじめが起こりうる危険な状況を学校が放置したとか、教員の言動がいじめを大きく助長した場合などである。

　以上を踏まえて、改めて確認したい。いじめがあることは学校の不祥事ではない。いじめはどこにでもある。そのいじめと向き合わずに蓋をしようとすることが、学校の不祥事となるのである。

2　いじめへの具体的な対応

(1)　初動について

　いじめの初期対応で重要なのは、①事実関係の調査と、②組織的対応である。

　これに反して、たまに見かけるのが、事実関係を調査する前に当事者の仲直りを優先することである。「お互い謝って握手しよう。」といった指導である。もちろんクラス内の人間関係は、できるだけ早く修復したい。しかし、事実関係をきちんと把握しないでさせた謝罪は、誤った指導・不適切な指導や遺恨の原因にもなりかねない。その場でもめている状態は、いったん解消する必要はあろうが、どのような指導をするかを決めるためにも、何が起きたのかを確認することが重要である。

　そして、事実関係の確認と並行して、重要なのが組織的対応である。どうしてもクラスで起きたことは担任、部活で起きたことは顧問と、担当者だけで抱えがちであるが、当事者の板挟みに遭うなかで対応を誤る例は少なくない。また、一人で抱えきれなくなって大ごとになってからでは手遅れである。

　いじめのようなデリケートな問題については、複数の教員で知恵を出し合って対応してほしい。少なくとも、「いじめ」という単語が当事者の口から出たり、教員の頭をよぎったら、担任は学年団、顧問は担任に相談して、一人で抱え込まず、学校として組織的対応をする準備をしてほしい。

⑵　事実関係の調査

　いじめがある、あるいはいじめを疑う事情があるといった場合に、まず事実関係の調査・実態の調査をしなければならない。何らかの対応をしようにも、状況が分からなければ対応は決まらない。

　しかし、この事実関係の調査は、必ずしも容易でない。生徒それぞれにいじめという自覚がない場合もあれば、事情を知っていたとしても、生徒としては自分や友だちの立場は守りたいという気持ちもあろう。あるいは生徒自身の思い込みや誤解が介在する場合などもある。さらに、生徒自身は包み隠さず話そうと思っていても、教職員の質問の仕方一つで、生徒の答えが変わってしまうこともある。そのため、いじめ対応の中で、事実関係把握のための聞き取りの技術向上は極めて有意義である。具体的な聞き取りの技術については、後述する（本章80頁以下を参照。）。

　それから、事実関係がある程度把握できそうな場合でも、事実を明らかにする時期と場所を選ばないと、関係者に思わぬ大きな傷を与えたり、あるいは教育的効果を大きく損なう場合もある。学校は責任追

及の場ではなく教育の場であるから、慎重に見極めることが必要である。

(3)　組織的な対応

　いじめの対応は、組織的に行うのが望ましい。対応が難しいため、複数人で知恵を出し合うことが重要であり、かつ、一教員としてではなく、「学校」として対応することで、対応の姿勢がぶれにくくなる。

　そして、学校として対応するに当たる際には、まず「学校としての考え」を整理することが重要である。これは当事者の意向がどのようなものかは抜きにして、起きた出来事を学校がどのように評価し、どのような指導・支援が必要なのかの考えを整理し、それを教員間の共通認識とすることを意味する。これを怠って、当事者双方（及びそれぞれの保護者）が納得する対応を探すと迷走することになる。当事者が納得するかの前に、学校として事態をどう受け止めるのかがはっきりしないと、当事者どちらもが学校を味方に付けて自分の言い分を通そうということになりやすい。そしてどちらの肩ももてない学校が、間を取りもとうとして迷走するのである。

　これに対して、学校としての基本的な姿勢、考えが明確になっていれば、当事者の一方ないし双方からいろいろと要求が出てきたとしても、応じられるものと応じられないものがある程度明確にでき、変に振り回されない。

　学校として、ポリシーをもち、そこから外れない範囲で、当事者双方の希望に可能な限り応えるというのが問題を複雑化・長期化させないポイントである。

　これに対し、学校としての方針が明確になっていないと、当事者双方から出される要求の板挟みに遭って、どっちにもいい顔をして信用をなくすか、うるさい方の要望に添うような、常識的あるいは謙虚な

人の方に妥協をお願いするような対応に向かいやすい。

　前者であれば紛争は長期化し、後者であれば、言った者勝ちとなり、クレーマーを生む温床となる。やはり、当事者の言い分・希望は聞くにしても、それとは別に、学校としての考え、把握した出来事をどう考え、どういった指導や手当が必要なのかを明確にし、議論の軸をしっかり作るのが重要である。

(4)　学校の把握した事実・対応の説明

　子どもがいじめられているとの申し出があった以上、学校側は相応の調査をし、その調査結果を踏まえた対応を、申し出を行った生徒の保護者に説明しなければならない。

　調査結果をどのように説明するかは、難しい問題である。特に継続して対応することを要する場合には、誰がどのような話をしたのか、学校がどのような事実を把握しているのかを途中で詳らかにしてしまうと、その後の対応、特に聞き取り調査に支障を来すことが考えられる。保護者から漏れた情報により事態が悪化する例もある。できるだけ詳しく事実を知りたいという保護者の要望は分かるが、それには時を選ぶ必要があるということを学校側もきちんと説明して、対応に当たってほしい。

　もう一つ難しいのが、調査をしても、いじめの事実が浮かび上がってこない場合である。この場合は、「現時点で、いじめの事実は把握できませんでしたが、引き続き注意深く見ていくようにします。」と答えるしかない。

　それで納得してもらえない場合もあろうが、学校としてもできることには限界がある以上、やむを得ない。ここでは、保護者が納得するかどうかより、学校としてどう対応するかの決断が重要である。

　そして、もし学校の対応に保護者が納得できないのであれば、保護

者としてどのような対応を求めるのかを提示してもらい、学校として、それができるかできないかをはっきりと回答すべきである。保護者が納得するような対応を学校が探しはじめると迷走しやすい。

　なお、状況によってではあるが、学校側が現時点でいじめの事実が確認できないということについての説明をするよりも、弁護士・スクールロイヤーが代わりにすることは考えられてよい。学校の対応が逃げ腰との不信を買うよりは、事実認定に当たっての証明や証拠の価値などについての考え方を説明できる信頼のおける専門家から説明してもらった方が、当事者の納得に繋がる可能性はあるし、学校側の心理的負担の軽減にもつながるであろう。

コラム

【その⑨】

そりゃないよ。

　そんな風に言いたくなる、どこかでのやりとり。
　「学校で第三者を入れろとかいっても、体罰とか、学校の体制の不備とかであれば、その調査の費用を学校が負担するのは分かりますが、A君がB君にいじわるをして、B君が1か月学校を休んだからといって、学校が100万円単位のお金を負担して、専門家を投入して調査報告をしなければならないというのは、根拠（法的責任）があるのか怪しいじゃないですか。それなのに費用の手当についても、立法段階から議論が全然ないですよね。必ずしも経営が順調でなく、様々に経費を削りながら遣り繰りしている学校には相当な負担だと思うのですが……。」と、いじめの被害申告をする側から第三者委員会の設置を求められたが、外部専門家を加えての調査組織で調査をするという学校の方針について説明をするに当たって、やや八つ当たりめいたぼやきを言ってしまった。
　すると……「私立学校でしょ。儲からないなら、学校やるのをやめればいいじゃないですか。」
　「えっ?」
　そんな御意見もあるらしい。

3 いじめ自殺と学校の調査義務

　いじめの事実の有無等に関して、学校側が調査を行い、その把握した事実に基づいて生徒の指導や再発防止を検討することは、学校の安全配慮義務から、当然である。問題は、不幸にして生徒の自殺という最悪の事態を迎えた場合の学校の事実関係の調査義務及びその調査結果の報告義務の程度である。

　この問題について正面から扱った裁判例として、高知地裁平成24年6月5日判決（判タ1384号246頁）がある。

　裁判例の傾向としては、学校は生徒を預かっている以上、学校生活上の問題に起因して生徒が自殺をした疑いがある場合には、学校側で何らかの調査を行った上、保護者に報告する義務を認めているものが多い。

　ただ学校に自殺の真相を解明する責任があるわけではない。在学関係・在学契約に基づいて子どもを預かる立場として、学校での様子について必要な範囲で保護者と情報共有し、また学校として相当な方法で調査し、可能な範囲で情報提供することが求められるのである（後述76頁以下、第4の事例研究を参照。）。遺族に代わって、あるいは遺族の指示に基づいて調査する義務があるわけではなく、学校は、真相を知りたいという遺族に対し、開示できる範囲の手持ちの情報を提供することで遺族の調査に協力するという立場である。

先生、抱えなくてもいいんです。

【その⑩】　いじめなどないのに、いじめられていると申告する生徒がいる。その生徒は、せっかく私学に入ったけれど合わないからやめたい、スポーツ推薦で入ったけど部活をやめたいなど、いまさら言いにくいのだけれど、本当に苦しい真摯な叫びを裡に秘めている場合が少なからずある。

　生徒が転校を希望している場合などは、先生方は非常につらい気持ちを抱えてしまう。自分たちの力が足りなかったから学校に残れなかった、そんな思いを抱えているかもしれない。けれども、もしその生徒が、転校した先で伸び伸びやっていけるのであれば、それは気持ちよく送り出してやるべきである。

　先生は、生徒みんなの人生を抱え込む必要はない。直接的でなくとも、ここを出ていきたいというメッセージを発することができた生徒の背中を押してあげることも大事であろう。ここは自分の居場所じゃないと言えることは、きっと大事なことだと思うから。

　でも、先生方がそう思うのは難しい。それどころか、自分にはまだできることがあったのではないか、教員としての力不足だったのではないかと自分を責めたりする。その責任感には敬意を表しつつ、そんな先生方にお伝えしたい。

　先生、抱えなくてもいいんです。いま、彼は新しい学校で伸び伸びとやっていますから。これは先生の力が及ばなかった失敗事例でなく、生徒の心の叫びを拾えた成功事例なのですから。

第4 事例研究 ～学校の調査義務
（高知地裁平成24年6月5日判決（判タ1384号246頁））

1 事案の概要

　ある私立中学校（中高一貫校）の1年生が、11月末頃の深夜、自宅で自殺をしたという事案である。

　遺族は、当初自殺の事実を伏せてほしい旨、学校に申し出ていたが、その後、部活でのいじめを疑うべき事実が、亡くなった生徒の友人の話などから遺族に判明した。そこで遺族は、全校生徒への自死の事実を告知した上での事実関係の調査とその調査結果について、全校生徒の保護者・マスコミへ公表することなどを求めたが、学校側がこれに応じなかったため、遺族が学校に対して、調査報告義務違反（債務不履行）を理由とする損害賠償請求訴訟を提起した（なお、遺族側の請求、裁判での争点はほかにもあるが、ここでは言及しない。）。

2 判決の要旨（調査義務について）

　在学中の生徒が自殺し、それが学校生活上の問題に起因する疑いがある場合、当該生徒の保護者がその原因を知りたいと切実に考えるのは当然のことであるが、保護者において、その原因に関わる学校内のいじめや嫌がらせの有無・程度等を独自に調査することは困難である。他方、学校がその点を調査することは、学校が教育機関として他の生徒の健全な成長やプライバシーについて配慮すべき立場にあり、その調査能力に一定の限界があることを考慮しても、保護者がこれを行う場合に比べはるかに容易であり、その効果も期待できることは明

らかである。

　そして、学校法人（私立学校）の経営主体は、在学契約に基づき、保護者に対し、預かった生徒の学校生活上の安全に配慮して、無事に学校生活を送ることができるように教育・指導すべき立場にあるのであるから、信義則上、在学契約に付随して、生徒が自殺し、それが学校生活上の問題に起因する疑いがある場合には、その原因が学校内のいじめや嫌がらせがあるか否かを解明するために、他の生徒の健全な成長やプライバシーに配慮した上、必要かつ相当な範囲で、適時に事実関係の調査をして、保護者に対しその結果を報告する義務を負うというべきである。

3 検 討

　本判決は、いじめの事実が確認できていない中、「遺族の気持ちは誰もが理解できることなのだから、学校はもう少し対応せよ。」というものであるが、自死という結果が先行している中、いじめがあったかどうかを調査するのは、生徒に殺人の嫌疑をかけるようで対応が難しい。

　また、学校に何らかの調査義務があることに異論はないが、具体的に、遺族との関係で、どのような内容の調査・報告義務が課されるのかは明確にされていない。本来、調査は、その目的と与えられた権限で大きく異なってくる。この点、本判決では、調査義務が無限定なものではないことは前提とするものの、調査義務がどこまであるのかは特に示していない。

　裁判所は、「本件自殺の原因が学校内のいじめや嫌がらせであるか否かを解明するための調査」と表現をしている。しかし、その解明が、遺族の被害感情に応えるためのものか、それとも学校として再発

防止や関係者への教育・指導を目的とするものかで、調査のあり方や解明すべき事実の程度などは異なりうる。

それに加え、遺族は学校から見れば被害者側の存在となるが、自死の原因が家庭にもある場合、自死した生徒との関係では、遺族も加害者である。ときには、学校側では自死の原因が親子関係にあることを知りながら、それは遺族にはいえないという場合もある。その場合の遺族からのいじめの有無の調査要請は、責任転嫁の相手を求めるような側面もある。保護者の払拭しがたい後悔は察するにあまりあるが、その心情に寄り添った対応も学校としては難しい。

学校としては、保護者と離れた場所（学校）で、子どもを預かっているのであるから、学校の把握している当該生徒の様子を保護者に報告する義務や、学校が見落としているかもしれない出来事があれば、そういった出来事が推認される事情その他の状況に応じて、合理的な範囲で調査し、その結果を報告するという義務は、在学関係（在学契約）もしくはこれに付随する義務として認められる。

そこを超えて自殺の原因究明となると、教育機関である学校に捜査機関以上の調査を期待することになる。本件に限らず、自殺の原因究明義務に言及する下級審判例は散見されるが、[16]いずれも義務を履行するための権限や義務の内容を特定していないので、裁判所としても、本気で義務づけるにしては理論的に不十分であり、あえて表現を控えたというか、内容をぼかした判断になっている。そうすると裁判所としても、自殺の原因を究明する義務が学校にあることを突きつける趣旨ではなく、遺族と学校側という二当事者対立構造の中で考える限り、学校側に対し、より遺族に寄り添うことができたと述べることが

16）前橋地裁平成26年3月14日判決判時2226号49頁、神戸地裁平成28年3月30日判決判時2338号24頁

紛争解決に資するであろうという裁判所の配慮の結果と考えた方が実情に沿うのではないかと考える。もとより学校側は、生徒が自死したという事実を背負いつつも、学校の対応が遺族に対して不十分との誹りを受けることになっても、遺族の心情に配慮して伝えるべきでないと判断した事実や全校生徒の今後の教育のための配慮などもあり、報道や訴訟の中で表に出てきた事実だけでは、学校の調査・対応が不十分であったかを判断しがたい。

　いずれにしても、学校は捜査機関でもなく、特別の調査権限がない以上、学校で把握できた事実の報告以上のことはできず、自殺の原因究明などは、在学関係（在学契約）から学校側の義務として導くことには無理がある。

　もちろん、学校側で、調査の結果、自死の原因に尋ね当たったのであれば、それは一定の配慮の下に可能な範囲で、遺族への報告の対象となり得るが、自死の原因の究明や自死の原因究明を目的とする調査・報告を学校に義務づけることは、法が不能を強いることになるのでそこまでは認められないこととなる。[17]

いじめに当たりますか（後編）

【その⑪】　　いじめに当たるか当たらないか、これが議論になるのは、被害を申告する保護者との間だけではない。いじめに当たると思われる出来事があり、加害生徒に指導をして、これで収まったと思ったとこ

---

17) なお、本判決のうち、調査義務違反の点では、控訴審で覆されている（高松高裁平成24年12月20日判決（判例集未登載））。ただし、学校の調査義務が否定されたのではなく、自殺と学校生活上の問題との関連性に疑問があることから、学校の行った調査等が債務不履行を構成するとまではいえないとの判断である。

る、加害生徒の保護者から、この程度はよくあることで、いじめでも何でもないだろうというクレームが入ることが間々ある。

　そういった場合、一般には、先生方が加害生徒への指導の趣旨を説明して、学校の考えを理解してもらうべく、一生懸命努力されていることであろう。しかし、そうした努力もむなしく、生徒の保護者の理解が得られない場合、指導した先生は難しい立場に立つことになる……と思いがちである。

　実は、難しく考えることはない。なぜなら、保護者の納得は必要ないからである。もちろん、生徒への教育効果を考えれば、保護者の納得が得られている方がよいし、できる限りそうすべきである。しかし、学校側の指導方針と保護者の考えが合わない場合には、無理にすりあわせる必要はない。そこで考えるべきは、学校が行おうとする指導に、保護者の承諾が必要かどうかである。

　学校側から見て、いじめと思われる行為を正すのに保護者の承諾は必要ない。保護者の方が、それはいじめでないと思っていたとしても、「我が校は、こういった行為は問題があると考えて指導しております。」と答えればよいだけである。

　保護者の納得は望ましいが、不可欠ではない。しなければならない指導は、保護者の納得にかかわらず、学校のポリシーとしてすることなのである。

第5　いじめと向き合うための技術 ～聞き取りの技法を中心に

1　事実関係調査の重要性と困難

　いじめに限らず、何らかの問題に向き合うためには、その前提となる事実関係を把握する必要がある。事実関係が不明のままでは対応のしようがない。また、もし事実関係の把握に誤りがあれば、学校の対応が無駄になるだけでなく、事態を悪化させることもある。その意味で、問題と向き合うに当たって、事実確認は不可欠である。

　しかし、その一方で、事実関係の調査は決して容易ではない。学校

現場では、関係者のほとんどが子どもであるから、記憶は曖昧、説明も下手、さらに教職員と話すに当たっていろいろな打算も働く。

加えて、先生と生徒の間にある信頼関係も邪魔をする。オレとお前の仲だろうと思って、子どもの話を鵜呑みにするのが適切でない反面、捜査機関の捜査や弁護士の反対尋問のようなこれまでの信頼関係を崩しかねない斬り込み方もできない。

このような状況下で、学校現場における聞き取りの技法向上は、現場が思う以上に重要な課題といえる。

2 不用意な聞き取りのもつ危険

聞き取りは、事実関係を調査する上で、最も重要な手法である。学校をはじめとする一般人にとり、捜査機関のように物証を集めて分析をすることができない以上、ほかに方法はない。

ところが、聞き取りをする上で注意すべき点を見すごすと、思わぬ間違い・勘違いを起こす。注意点を見ていこう。

まず第一に、「人は誰もが嘘をつく。」ということを意識しなければいけない。人はそれぞれ、自分目線で事実を認識するから、悪く言えば、自分の都合のよいように話すものである。だから、どの説明も誰の説明も鵜呑みにはできない。

第二に、聞き取りを行う質問者が、嘘の回答を引き出してしまうことがあるということである。聞き取りを受ける側としては、わざわざ自分に不利になるような答え方はしないから、質問の内容ないし質問から導かれる答えが、回答者に有利であれば「そのとおり」と迎合し、不利であれば「そんなことはない」と反発する。そういった回答者の心理を踏まえた質問を準備しないと、質問者自らが、回答者に事実と異なる回答を促すことになりかねない。

　そして、一度、真実と異なる供述を引き出してしまうと、聞き取りを受ける側には、最初に行った回答と矛盾なく質問に答えなければけないという意識が働く。悪意があろうとなかろうと、一度言ったことを覆すのは、ばつが悪い。そのため、当初の回答を固めるためのさらなる嘘が必要となる。結果として、質問者は、回答者の重なる嘘にどんどん真実から離れていく方に誘導されてしまうのである。

　もう一つ、嘘の回答を誘発する質問の仕方がある。質問者が、手持ちの情報を漏らす場合である。漏れた情報が、回答者に予断や偏見を与え、回答に一定のバイアスをかけるおそれがある。そうでなくとも質問者が、どこまで事実を把握し、どの点に誤解をし、何について知らないのかが回答者に把握されてしまうと、どこまで嘘をついて大丈夫か、どういった嘘なら大丈夫かが判ってしまう。そうすると、回答者は安心して自分に都合のよい嘘・はぐらかしをすることができる。手持ち情報と矛盾のない嘘を質問者自身で引き出してしまうのである。思い返してみると、「○○だったんじゃないのか？」「××と聞いているんだけど、違うかなぁ。」など、手持ち情報を推知されるおそれのある質問をしていることは多いのではないだろうか。

　このように、ちょっとしたことが原因で、聞き取り調査の結果が真実から離れていくおそれがある。そこで、上記のような危険があることを踏まえて、どのように質問をしていくとリスクを低減できるのか、聞き取りをする上での工夫のポイントを見ていきたい。

公平・中立は誰がために

　「公平・中立な調査組織」という表現が国のいじめ防止基本方針に、そして「専門性と公平性・中立性が担保された人物」という表現が国の重大事態調査ガイドラインに用いられている。

　公平・中立の言葉の意味としては、「いずれにも偏らず、いずれにも加担しない」ということかと思う。

　通常、いじめのような悪いとされることを調査する場合には、悪いことをしたとされる「いじめを行った側」への人権に配慮して用いられる言葉である。

　ところが、いじめ防止対策推進法の運用においては、「学校やいじめを行った側に加担しない」という意味で公平・中立という言葉が使われているように感じることがしばしばある。「被害者に寄り添う」「被害者を守り通す」という趣旨の国の基本方針の表現に引っ張られてのことかもしれないが、少年事件では事件を起こした少年の人権に配慮がされるのに比べ、いじめの調査に当たっては、加害者とされる児童生徒の人権が軽視されがちである。特に、いじめ防止対策推進法では、いじめの定義を拡げ、他者加害的ではない行為まで、第2条で「いじめ」としているのであるから、「加害者」という表現を用いることが適切でない場合さえある。したがって、加害者と名指しされた児童生徒に対し、少年事件以上に、その人権侵害がないように配慮する必要がある。これは「いじめ」による人権侵害が認定された際、その生徒に対する学校の懲戒処分が違法とされないためにも不可欠な要素である。いじめの事実関係の調査であれば、「公平・中立」は、「いじめの当事者である被害者・加害者のいずれにも偏らず、いずれにも加担しない」という意味でなければならない。

　なお、人によっては、学校に忖度した判断をしないという意味で「公平・中立」という表現を用いていると思われる。このような意味での公平・中立は、重大事態の調査組織の人選の場面で問題とされることが多い。ただ学校に忖度しない判断をするかどうかは、人選の問題とするよりも、調査資料から正しく事実を認定したかを問題とすべきであり、調査開始の段階で議論するには馴染まない。批判は人選にではなく、調査結果に対して行うべきであろう。

公平・中立を謳った文科省としても、「調査能力のある組織によるきちんとした調査」を期待したのだと思うが、「公平・中立」という言葉が一人歩きし、調査組織の人選で揉めて重大事態調査の開始を妨げる事態も生じている。調査開始前に、「あなたは公平・中立か」と質問されても、「あなたは公平・中立でない」と批判されても、返事に困ってしまう。また、被害者の推薦する委員を入れろと言われれば、加害者とされる側の推薦する委員を入れなくて良いのかという問題を生じるし、双方の推薦する委員と推薦者の関係によっては、それが調査の公平性を疑わせるおそれがあるし、最悪、情報の漏洩による調査の妨げとなるおそれもある。実際、いじめの調査に関しては、公務員の守秘義務違反ではないかと思われるコメントを発信している専門家調査委員もいる。

　いじめ防止対策推進法が期待した早期発見も、このようなことで揉めて、その後の調査開始が遅れてはあまり意味がない。いじめの調査や対応を遅れさせてまで求められる「公平・中立」は何のため、誰のためだろうか。

　重大事態調査の開始に当たって、しばしば直面する問題である。

3 聞き取りの手法

(1)　心構え

　まず聞き取りの際には、とにもかくにも、一回で真相を聞き出そうとしないことが大事である。大人も子どもも、後ろめたいことについて話すのは大変であり、人が嘘をつくのは仕方ないと思うくらいがちょうどよい。

　もちろん、先生方も忙しいし、生徒も部活や習い事で忙しいから、聞き取りが一回で済むのであればそれに越したことはない。ただ一回の聞き取りで真相に迫ろうとすると、どうしても強引な聞き取りになりやすく、相手の反感を買いやすい。真実を聞き出すどころか、話をしてもらうことさえ困難になることもある。最悪の事態は、相手に話をしてもらえない場合（いわゆる完全黙秘）であるから、まずは嘘で

もいいから、話をしてくれるだけましと考えるべきである。

(2)　聞き取りの際の工夫

　上記のような心構えで聞き取りに臨むのであるが、その際、以下のような工夫をしてみてはどうだろうか。

ア　話しやすい雰囲気を作る

　事件の関係者として事情を聴取されるというのは、自分に落ち度がなくてもあまり気分のよいものではない。自分の側に後ろめたいことがあればなおのことである。そういった中で、できるだけ広く事実を集めようとするならば、相手に少しでも気持ちよく話してもらうしかない。

　では、どのようにして気持ちよく話してもらうか。それには聞き取りを受ける側の警戒心を少しでも緩めることが大事である。相手は、こちらがどのような質問をするか、それに答えると自分に不利なことはないかと警戒している。そこで、その警戒心を緩めてもらうために、最初は、当たり障りのない、あるいは有利不利のないような、当たり前の事実の確認から入っていくとよい。できることならば「はい」「いいえ」で答えられる質問については、「はい」と答えられるような質問を用意しておくとよい。

　「はい」「はい」と答えて済む有利不利のない質問を用意して、会話のウォーミングアップをしてから、踏み込んだ質問に入るとうまくいきやすい。

イ　欲しい答えを相手に悟られない

　質問を受ける側は、自分の不利にならないように答えようと警戒している。そういった中で、質問する側の欲しい答えが分かってしまうと、その答えが自分に有利か不利かを考えて、有利なように答えを変えてしまう。

方、質問者の欲しい答えが自分にとって有利であれば、真実とは異なっても、質問者の期待に応えるような迎合した供述をしてしまうおそれもある。

いずれの場合も、そこで聞き出した内容は事実とは異なり、真実の発見からは遠ざかってしまう。

質問の趣旨を悟られないようにするというのは我々法律家でも難しいことなので、そう簡単に実行できないかもしれないが、少なくとも、欲しい答えがバレバレの質問、例えば「おまえ、○○をいじめてるだろう。」などという質問は避けるべきである。

ウ　聞き出すのではなく、話させる

事情聴取する側としては、「聞きたい話」が、頭の中にあるため、ついつい先を急ぎがちである。そのため、「このとき、○○だったんじゃないのか？」「このとき、××だったろう。」などと、自分の知っている事実や自分の想像している事実があったかどうかを確かめるような質問をしがちである。しかし、真実が自分の予測の範囲内にあるとは限らない。真実が自分の予測の範囲外であった場合、上記のような質問を繰り返していると、およそ真相にたどり着くことはできない。

これに対し、「どうだったの？」「誰がいた？」「それでどうなったの？」とオープンな質問をしていくと、それに答え続けるのは、嘘をついている側には厳しい。常に矛盾のない信用性のある嘘をつき続けるのは大変である。仮に嘘をついていたとしても、どこかで観念して、本当のことを言わざるを得なくなるか、少なくとも説明が破綻するものである。

エ　手持ちの情報を漏らさない

聞き取りの危険のところでも述べたように、聞き取る側の手持ち情報の範囲が相手に知られてしまうと、どこまで嘘をついて大

丈夫かを質問される側に把握されてしまう。あるいは漏れた情報が相手に余計な想像をさせ、予断や偏見を生み、回答にバイアスがかかる可能性もある。どちらにしても、あまりよいことではない。

　質問者の手持ち情報を開示しないためには、できるだけ、本人に主体的に話してもらうような質問の仕方（「どうだったのですか。」「何があったのでしょうか。」など）がよい。

　質問者がどこまで事態を把握しているか分からないと、質問を受ける側は、嘘をついてかえって不利な状況に陥らないか不安になる。下手に嘘をつくと危ないと思わせることができれば大成功である。

コラム

聞き取り場所の悩み

【その⑬】

　学校内で問題があった場合、関係者や事情を知っている可能性のある生徒から、どこで聞き取りを行うかは、中々に悩ましい。

　オープンスペースで聞けば、「配慮がない。」と言われる可能性がある。その一方で、他人の目に触れないようにすれば、「密室で問い詰められた。」と言われることがあるし、最悪、セクハラ・パワハラの嫌疑をかけられるおそれもある。

　複数の教員で聞けば圧迫面接と言われる可能性もあって、一体どうしたら良いのかと言いたくなる。

　特別に正解があるわけではないが、それぞれの選択の中で、最大限、リスクを低減するほかない。あえて言うなれば、録音、録画、他人の目（何を話しているかは聞こえないが、外から様子は見えているなど）のどれかがあると、それなりに安心できようか。

　オ　嘘だと思っても直ぐに指摘しない

　　先ほど述べたようにオープンな質問をしていると、どこかで嘘をつききれなくなる。そういったとき、本人が嘘をつくのに息切れして、観念してくれればよい。ところがその逆で、「それで」「それで」と質問をするので、相手に信じてもらえていると思って、矛盾する話をしているのに気づかず、調子に乗ってあれこれ話してくる場合もある。

　　このようなとき、「嘘をつくな！」といってしまう質問者も少なくない。しかし、嘘を嘘だと指摘するのは、よほどタイミングを計らなければならない。早い段階で指摘してしまえば、「あ、間違えました。」と簡単に辻褄を合わせられてしまう。また指摘の仕方によっては、こちらに敵意を抱かせてしまい、その後の聞き取りをしにくくしてしまう。それこそ、「信じてくれないなら、もう話しません。」などと言われてはお手上げである。

　　また、事情聴取を行う側にとって、嘘をつかせないことより、相手の話していることが嘘だと分かることの方が大事である。相手が嘘をついているならば、その嘘を正す前に、なぜ嘘をつかなければいけないのかというその動機を探る方が先である。嘘をつく動機が分かれば、真相解明のヒントにもなる。その意味では、嘘は指摘するものではなく、最後まで気持ちよくつききってもらう方がよい。

　カ　聴取内容の証拠化

　　以上のような手法を駆使して聴取した事実も、後日資料として使えなければ意味がない。

　　その意味では、録音・録画などの方法が考えられてよい。いずれも不可の場合は、作成した聴取内容のメモを相手方に送り、内容に誤りがないかを確認してもらうという方法もある。

　後者を採用した場合には、相手（子どもの場合は保護者）に、内容を確認してもらったことを明らかにするため、内容を確認した旨のサインをもらっておくなどするとよいのであるが、協力してもらえるとは限らない。そのような場合は、メールに添付して文章を送り、「誤りがあったら修正して返信してください。」と文章を添えればよい。修正してくれればそれでよいし、修正がなければ、そのままでよいと理解することができる。

　なお、相手方は録音を常にしていると思う方がよい。スマホやタブレットなどを利用して、何気なく録音されていることに配慮した説明が必要である。

コラム うちの子はいじめられているんだぞ！

【その⑭】

　「うちの子は、いじめられているんだぞ。」学校に乗り込んでくる保護者のよく使うフレーズである。頑張るところが違う気がするが、そう言われてしまうと学校としても何もしないわけにはいかない。とりあえず乗り込んできた保護者に、学校にどうしてほしいのか要望を聞いてみたくなる。しかし、それを実際に聞いてみると、「それは学校の考えることだろう！」と怒られる。

　心の中では、「意見もないのに乗り込んでくるな！」と叫ぶものの、口にはできない。しかも困ったことに、こういう保護者ほど話が長い。根負けして、ついつい「分かりました。こちらで考えてみます。」と逃げ口上をうってしまう。その場はほっとするものの、次に恐怖が待っている。なぜなら、考えなしに乗り込んでくる保護者の納得を引き出す提案など、そうそうできるはずもないからである。「まだか。」「どうするんだ。」と追い立てられる日々の始まりである。

　勇気を振り絞って言ってみよう。「お子さんが直面している問題なのですから、一緒に考えてください。」と。

4　子どもから聞き取る際の注意点

⑴　聞き取りの時期（素早い対応）

　子どもは、自分が体験した事実と人から聞いた事実を混同しやすい。自分が体験したことなのか、人から聞いただけだったのかという情報源を特定するのが苦手なのである。その結果、自分で体験したことと、テレビで見たこと、人から聞いたこと、イメージしたことなどを混同してしまう。

　いろいろな情報が子どもの耳に入ってくる前に、聞き取りを行うことが好ましい。

　万が一、出来事の数か月後に調査をすることになった場合は、子どもの年齢から記憶の変容による誤った調査結果につながるリスクを考え、ときには、新たな聞き取りを実施しないという判断をせざるを得ないこともある。

⑵　聴取内容の保全について（録画の検討）

　事情聴取というのは、聞く方も聞かれる方も、存外に疲れる。生徒の側であればなおのことであろう。そうすると何度も同じ話を聞かなくても済むように、一度した聞き取りはきちんと第三者も見ることができる資料にしておく方がよい。

　ただ、記録に残す方法は慎重に選ぶ必要がある。聞き取り内容を紙にまとめる、録音する、というのが典型であるが、録画も選択肢に加えておいてほしい。録画を検討するのはなぜかというと、子どもは仕草で答える場合があるからである。もちろん、録画されていることで緊張して話せなくなる子もいるだろうから、あくまで、選択肢の一つとして考えてほしいという程度である。

　子どもにある程度の表現力がある場合は、録音の方法でもよい。た

だ録音する場合は、子どもに無用のプレッシャーをかけないように、「しゃべった内容について間違いに気づいたら、いつでも訂正していいから、とりあえず、今覚えていることを話して。」などの声をかけてほしい。間違ったことを言ったら後で怒られる、などの緊張感を払拭し、子どもが安心して質問に答えられるようにしてほしい。

(3)　子どもの心理への配慮

　ア　間違っていてもいいから、とりあえず、今覚えていることを話してもらう

　　　子どもは、正解を答えようとする。

　　　子どもは、質問には必ず「答え」「正解」があると考えがちである。それに加え、質問から早く開放されたいという気持ちもあるから、自分の知っていることより、大人の求める答えを探し、それを話そうとしてしまう。

　　　子どもの側では「正解を答えるまで質問は続く。」と考えるので、その先には、「何度も質問が繰り返されるのは自分の『答え』が間違っているからだ。」という方向に思考がいってしまう場合さえある。そうすると、子どもは、大人の対応を見て「答え」を変えていってしまう可能性があり、事実関係を調査するという聞き取りの目的に反する結果になってしまう。

　　　また、子どもは語彙力に乏しいので、答えようと思うことが言葉にならない場合もある。そこに正解を答えなければというプレッシャーがかかると、答えられない自分がどう見られるか不安になる。そういった心境は、大人にもあることであろう。このまま答えられないと自分は馬鹿だとか、あるいは答えないなんて反抗的だとか思われないだろうかという不安に駆られかねず、思いつきで、その場しのぎの答えをし出す可能性もある。

　そういう点に配慮すれば、やはり何らかの答えを聞き出そうとするより、知っていることを話してもらうという姿勢での聞き取りが重要といえよう。

イ　大人が答えをリードしない

　先生は、限られた時間の中でいろいろな生徒から、あれこれ聞き取らなければいけない。しかも、事案によっては、できるだけ多くの子どもから事情を聞く必要がある。

　そうなると時間節約のために、大人の側で答えを促したくなる。「○○があったことを知っているか。」「××だったと思うのだけど、違う？」など、先先が自分で言ってしまうのである。ところが、生徒の側は、先生がそう言うのだから、そうなのかなぁなどと思って、「そうかもしれません。」「そうだったと思います。」などと答えてくる。教員の側で無意識のうちに答えを誘導してしまっているのである。

　ここで、子どもは誘導に気づきにくいという研究報告がある。

　ある誘導尋問に関する実験で、誘導される率は大学生と中学生で異ならないが、「誘導された」という認識は大学生の方が高いという結果が得られているそうである。[18]

　真相に近づきたければ、求める答えや自分の想像する答えに誘導しないよう、質問の仕方に注意する必要がある。

ウ　質問を終えたあとも、十分な生徒のケアを

　聞き取りを終えたとき、聞き取りを終えた教員の側には、聞き取った内容を踏まえての次の仕事がある。でも、ここで引き上げ方には注意がいる。聞き取りを行った教員の側では大したことで

18）参考文献として、仲真紀子「子どもの面接─法廷における「法律家言葉」の分析」法と心理学会編「法と心理」第1巻第1号所収（日本評論社）を参照。

なくても、いろいろ聞かれた生徒にとっては、心身共に大きな負荷がかかっていることが少なくない。まして、聞き取るべき事項が、生徒にとって嫌な体験であればなおのことである。

　聞き取りが終わった後も、「はい、おしまい。」ではなくて、感謝や労いの言葉をかけるなど、十分なケアをもって終わりにすることが必要である。ときには、保護者に迎えに来てもらい、学校から聞き取りの状況を保護者に報告している間、聞き取りを受けた生徒はスクールカウンセラーと話をしながら待ち、最後は、保護者と一緒に下校するようにするなどの対応も考えられてよい。

　生徒の十分なケアなしでは、再度の協力が得にくくなるだけでなく、保護者からのクレームの原因ともなりかねない。生徒への負荷のかかり方次第では、生徒の生命の安全さえ脅かしかねないので、然るべく配慮が求められる。

5 質問の方法

　これまで質問の仕方の工夫や注意点について触れてきたが、ここで簡単にまとめておきたい。

(1) 問題となり得る質問方法

　ア　答えを狭める形での誘導

　　① 「○○した？」などのように、回答が「はい」「いいえ」に限定される質問

　　　→　A君に対して「B君のこと蹴った？」と質問をしたとする。A君の記憶では、後ろから小突いた記憶はあるのだが、蹴った記憶はないというとき、どのような答えが返ってくるだろうか。

　　　Ａ君は、どう答えようと思うのだろうか。「僕は蹴ってなんかいない。蹴ったのは他の奴だ。」と思うか、それとも「小突いたことはあるけど、蹴ったりなんかしていない。」と思うか。前者であれば、Ａ君がＢ君を小突いた事実は聞き取れない。

　　　このようにYES-NOの形式で問うて答えるべき内容を限定してしまうと、質問者にとって本当に必要な情報が得られなくなる可能性がある。また、質問者の意図と子どもの感じ方がズレれば、子どもが答えた趣旨を捉えることも難しくなる。

② 「○○と××のどっちなの？」というように、YES-NOではないが、質問者の側で回答を限定する質問

　→　Ａ君に対し、「Ｂ君とＣ君のどっちを蹴ったの！」と質問をしたとする。Ａ君の記憶では、蹴ったのはＤさんだった場合、どのような答えが返ってくるだろうか。

　　　Ａ君は、どう答えようと思うだろう。「Ｂ君もＣ君も蹴ったりなんかしてないよ。」と思うか、「僕が蹴ったのは、Ｄさんだよ。」と思うか。前者であれば、やはりＡ君が人を蹴った事実は聞き取れない。

　　　このようにYES-NOの形式で問う場合と同様の問題を生じるのである。

イ　予断に基づく誘導・誤導のおそれがある質問

① 「○○でしょう？」「○○だよね。」「○○だったんじゃない？」「おまえは、やっていないんじゃないか？」などのように予断や仮説に基づく質問

　→　上記のように、質問者の予断が見える場合、質問を受けた生徒は、そういった答えを求められていると誤解するおそ

れがある。また、相手（児童・生徒）の年齢が低くなればなるほど、大人は正解を知っているという思いが強く、質問者の予断に従った回答を引き出してしまいやすい。

　それに加え、こういった質問は、質問者の手持ち情報の範囲・程度を示すので、生徒の年齢が上がってくると、どこまで嘘をついて大丈夫かを告知するような結果にもなる。

　いずれの場合であっても、回答者に予断を抱かせないように、できるだけ、「そのとき何があったのか教えてくれる？」などのようにヒントなしに回答させる方がよい。

② 「私はこういうふうに思うのだけど。」「○○はこんなふうに言っている。」といった情報提供を伴う質問

　→ このような質問も、先ほどの例と同じように質問者の予断が見えるため、生徒に、その先生の抱いている予断に従った回答を促してしまうおそれがある。もちろん、その予断に従って、どこまで嘘をついて大丈夫かを計算する生徒も出てくる。

　やはり、回答者に無用のサジェスチョンを与えないために、余計なことは言わず、子どもに自由に話させる方がよい。

ウ　質問者と回答者との間に誤解を生じるような質問

① 「公園に赤いTシャツで短パンを履いた小柄な女の子がいたのを見なかった？」のように、複数の質問を含み、ポイントが不明瞭な質問

　→ このような質問は、公園に女の子がいたかどうかを聞いているのか、女の子の当日の服装を聞こうとしているのか分からず、生徒が、「いた。」と返事をした場合でも、女の子がいたという意味で返事をしているのか、女の子の服装まできち

んと覚えていて返事をしているのか、場合によっては赤い服を着た子がいたという趣旨で答えたのか分からない。

　時間がない中での聞き取りでは、このような認識の齟齬が生じ得ることを見すごして聞き取りの記録が作成されかねない。ここでは、「公園に誰かいた？」→「誰がいた？」→「女の子はいなかった？」→「その女の子、誰だか分かる？」→「その女の子だけど、何年生とか、誰と遊んでいたとか、何か覚えていることない？」というように質問を区切り、提供する情報を最小限に抑えて聞いていく方が、誤解も誤導もなく事情を聞くことができる。

　同様の問題を含む質問として、「先生が、授業で、○○の話をしたの覚えている？」がある。「先生が」話したかどうかを聞いているのか、「授業で」話したかどうかを聞いているのか、「○○の話」をしたかどうかを聞いているのか、不明瞭なのである。

② 「これまで聞いた話のとおりでいいよね。」など、指示している内容が不明瞭な質問

　→　上記のような質問と同様に、お互いに誤解を生じ得る質問として、「あれは」「そのことで」「あのこと」「これまで言った話」「この間までのことで言えば」などの指示語を使ったときに、指示している内容が不明瞭な場合がある。指示語が示す内容について、共通認識があるかどうかを意識する必要があるし、できれば、何を確認するか明示した方がよい。

エ　質問を受ける側にプレッシャーをかける質問

① 「ちゃんと話しなさい。」「嘘を言うなよ。」といった命令的な口調で回答の強要を伴うような質問

　→　上記のような質問の仕方をすると、生徒は、質問をする先

生に怒られないような回答をするしかない。それこそ、「嘘ついていました、ごめんなさい。」も言えなくなってしまう。

　生徒にしてみれば、真実よりも、先生が求めているであろう答えを探して口にするといったことが起こりやすい。

② 「答えてくれたらすぐ終わるから」「答えてくれないと大変なことになる」「怒らないから話してほしい」のような利益誘導・脅迫・取引を伴うような質問

　→　上記のような質問も、①の例と同じように、事実がどうであったかどうかより、すぐ帰れるような回答、大変なことにならない回答、怒られないような回答をしようとする動機をつくり、生徒の自由な回答の妨げとなる。

③ 「答えてくれないととても困るんだ」「協力してくれると助かるんだけどなぁ」といった情緒に訴えながらの質問

　→　このような質問も、先生を助けるための回答を引き出すことになり、生徒が知っていることを答えようとする以上に、とにかく何か早く答えなきゃという心境にさせやすい。

　これも事実と異なる回答を引き出す可能性があるので、注意をしてほしい。

(2)　問題を生じにくい質問方法

　上記のような問題を回避する方法として、答えを限定しないオープンな質問方法が好ましい。「何があったの？」「どこで？」といった問いかけである。

　もちろん、聞き取りの対象となる生徒の語彙力によっては、適度に誘導することが必要である。しかし、教師の側で答えを急ぐあまりに、あれこれ誘導したり、矢継ぎ早に質問をして答えを探していくようなことにならないように注意してほしい。できるだけ早期に、子ど

もに負荷をかけない時間で聞かなければならないという制約があるので難しいとは思うが、せっかくの聞き取りを無駄にしないための工夫として配慮してほしい。

⑶　応答の仕方の注意点

ア　欲しい答えを提示しない

子どもが面接者の期待に沿った回答をすると「なるほど」などと返事をし、期待に沿わないことを言うと「うぅん、それはどうかなぁ」とか「ふぅん、そうなんだぁ」などと納得していないかのような返事をすることで、生徒に対し、求めている正解があるかのような態度を示すことは、自分の記憶に従って答える気を削ぎ、先生の望む答えをしようという気持ちにさせてしまう。

また、手持ち情報の範囲・程度も漏れるので、気をつけてほしい。

イ　自分の思い込みで答えを置き換えない

「ドンとされた」に対し「体当たりしてきたんだね」や、「手がぶつかった」に対し「叩かれたんだね」というように、質問者が、回答者を先回りしてどんどん言葉を置き換えていってしまうことがある。

このような対応では、生徒の供述は置いてけぼりになる。また、生徒の側も、わざわざ先生の置き換えを訂正してくれるとは限らないため、事実との乖離が進む可能性がある。結局、質問者の側の思い込みによって、事実と無関係の内容が聞き取り結果となるおそれがある。

上記のような場合でも、「ドンとされたって、どういうこと？」「どんな風にされたの？」というように、焦らず質問を重ね、生徒のペースに合わせた聞き取りを心がけてほしい。

6 聞き取り結果を踏まえた事実認定に当たって

　学校としては、聞き取りの結果を踏まえて、事実の有無、起きた出来事を確認していくのであるが、生徒同士の説明が一致しないなど、判断に困る場合がある。

　ただ学校側の情報が不足していたり、整理が不十分な場合も、しばしば見られるので、見落としがちなポイントについて確認したい。

(1)　客観的情報の確認と証拠化はできているか？

　いじめやその他の事件・事故が起きた場所は、通常、その原因となった危険の除去が速やかになされるため、出来事の起きた状況が後で確認できなくなることがある。記憶も曖昧になろう。

　そのため、現場写真や学校の平面図などが用意してあると事実確認が容易になる。靴隠しの例なら昇降口の様子と隠された靴のあった場所、靴の見つかった場所のように、いじめがどういう場所で行われ、またどうしてそれに教職員や他の生徒が気付かなかったのか、どのようにして気付いたのかを確認するための場所の状況等の情報が必要であり、それを写真と図面で確認できるようにしておいてほしい。

(2)　証拠の価値（信用性）を考える

　一般的に、証拠の価値は、①物証、②第三者の供述、③被害者の供述、④加害者の供述の順に高い。もちろん、価値を左右する事情は多々あり、信用できる部分、信用できない部分それぞれある。

　ただ被害者の話を聞いて、加害者に事実確認をしただけで終わってしまい、両者の言い分が真っ向から対立して困っているような例がよくある。酷いときには、周りにいた教職員の話も聞いていなかった例さえある。第三者（目撃者）の情報も忘れずに押さえてほしい。

(3) 事実関係の聞き取りの不足

　先生方が事実関係を確認する際に、起きた出来事の事実経過は確認できている場合が多い。しかし、起きた出来事の前にどのようなことがあったのか、あるいは出来事のあと、どうなったのか、起きた出来事の前後の聞き取りが漏れている場合がある。刑事ドラマでいうところの前足・後足（犯行前後の足取り）の聞き取りがなされていないのである。起きた出来事自体の口裏合わせはできても、その前後まできれいに話を合わせるのは難しい。どのようにして起きて、起きた後どうなったのか、前後の聞き取りも忘れずしてほしい。

　それと合わせて、どうしてそういう行動を取ったのか（動機）も聞き取ってほしい。動機と行動が合致しているかは供述の信用性判断に大きく関わるし、行為の善し悪しの評価にも影響する。起きた出来事の時系列を作るだけでなく、どうしてそうしたのかも、情報として必要だということを知っておいてほしい。

7 あくまでも心がけ

　以上、聞き取りの手法その他の注意点を述べてきた。

　読んでいて、実際にできるか不安に思うところもあるかと思う。しかしながら、これらを実践することが学校側の義務というわけではない。我々法律家が事実関係の調査や証人尋問の際に注意していることをいくつか示したのであり、参考になればという程度のものである。

　したがって、あまり大きな負担と思わずに、心構え程度に頭の隅に置いておいてほしい。

新参者

　　法律家の仕事は、説得以上に聞き取りの力が必要な仕事である。もともと法律事務所に相談に来るような話は楽しい内容であるはずがない。相談者は、味方であるはずの弁護士にも話したくない内容をたくさん抱えている。しかも、聞く弁護士の側にしても、その相談内容が、今までご縁のなかった業界のものである場合も少なくない。行く先々で「新参者なので」といって、あれこれ業界の事情などを聞き出さなければ事件解決の糸口もつかめない。

　「新参者」といえば、東野圭吾さんの小説（講談社）のタイトルでもある。このシリーズの小説を読まれた方やドラマを見た方も多いのではなかろうか。主人公の加賀刑事が参考人から事情聴取をする様子、特に「新参者」「麒麟の翼」「赤い指」の三冊は、先生方が聞き取り調査のお手本にしてもよさそうな内容であり、中でも、「新参者」が特に優れている。

　話しやすい雰囲気を作る。嘘と思ってもすぐに指摘しない。できるだけオープンな形で質問をする。そして、欲しい答えを悟られない。さらに手持ち情報の漏れが関係者に先入観を与えないように徹底した情報管理を行う。こういったことが分かりやすく描かれている。

　この「新参者」の中で、もし加賀刑事が、欲しい答えに関する質問を直球勝負で投げかけていたら、参考人たちは、どのような答えをしていたであろうか。そのようなことを想像しながら小説を読み返すのも面白いのではないかと思う。

第3章

学校における危機管理

　「危機管理」という言葉は、「狭義の危機管理」だけでなく、実際に起きた事故への対応（クライシスマネジメント）も含み、内容も様々である。繰り返し言われる危機管理という言葉にうんざりという先生もおられるであろう。

　しかし、危機管理が必要なのは、適切な危機管理が現場の不安の解消につながるからである。先生方にたくさんの宿題を出すことが目的ではなく、先生方の重荷を解消することが目的である。これは、学校が子どもの将来の礎をつくり、子どもが夢を語っていくには、教職員が、まず教育の現場で夢を語れなければいけない、そういう思いからである。

　学校活動の中で、教職員・生徒が安心していろいろな活動に挑戦するために必要なツールが危機管理である。

　この章で述べる内容をたたき台に、各学校の実情に即した危機管理のあり方を検討していただきたい。

第**1**　学校活動における危機の特質

1　学校における危機とは

　まず学校の危機管理を考えるに当たって、そこにいう危機が何かを考えてみたい。

　学校の中でいったい何が危険なのだろうか。学校を見渡しても、そうそう危険なものがあるわけではない。では、何が危険を、そして危機を生むのであろうか。

　それはほかでもない。子どもの好奇心である。子どもは好奇心から、まさに思わぬことをする。思わぬところで思わぬ行為により発生する多種多様の危険、それが学校の危機を生むのである。

　そこで、その危機・危険と向き合うために、その危機・危険の特質を考えていきたい。

2　学校における危機の特質

(1)　芽を摘むことのできない危険

　一般に、危機管理の場面では、危険の芽を摘むことが重要である。

　しかし学校における危機は、子どもの好奇心から発生するので、危険の芽を摘むことはできない。

　最初から、危機・危険と共にあり、一定の確率で事故が起こることを覚悟して臨まなければいけない。これがつらいところである。

(2)　意見集約の困難

　一般に、トラブルが生じた場面では、誰がその解決のあり方を最終

的に決定するか決まっている場合が多い。企業はたいていそうである。

　ところが、学校におけるトラブルでは、当事者である子ども同士で解決のあり方を決定することができない場合もある。時には、子ども同士では解決がついているのに、なぜか紛争が残ったりする。保護者の意向と子どもの意向がずれる場合があるからである。

　しかも、保護者同士の意見も異なる場合まである。父母だけでも調整が大変なのに、そこに祖父母が入ってさらなる混乱へと発展する場合も少なくない。

　紛争解決のための話し合いの窓口と最終決定権者が不明確であるというのも、学校における危機の特質である。

(3)　早期解決の困難

　一般に、ビジネスの上でのトラブルは、そのトラブルの種類を問わず金銭的に解決をする。ここでは損害の額だけでなく、紛争解決にかかる人的・時間的なコストも考慮して、早期解決の利益を優先する場合も多い。このように経済的合理性から、あるべき紛争の解決を探っていくのである。

　もっとも、そういった形での合理的解決を探ることができるのは、相手方とその後のつきあいが継続しないドライな関係にあることが前提である。さっさと縁を切って次の仕事に専念しようというのである。

　ところが、学校内でのトラブルの解決に当たって、相手方と縁を切るにも限度がある。同じ学校にいるのだから。また企業活動ではないので、金銭で精算というのにも躊躇を覚えやすい。

　そうすると、お金で割り切った単純・合理的な解決は難しく、時間的継続性の高い紛争になる。

普段は、同じ学校の友だち同士の出来事として、多少のことは大ごとにならずに収まるのであろうが、収まらなかったときは、一気に大きな、そして長く続くトラブルとなっていくのである。

3 危機対応に当たって

　以上に述べたように、学校における危機・危険は、子どもの好奇心の発現として、あらゆる場面で思わぬ形で現れ、一度、その危険が現実化・具体化した場合の解決も、様々な困難が伴う。普通なら、投げ出してしまうようなものばかりである。

　ところが、実際の現場では、そのような困難な問題に全力で向き合っている先生方が多い。そして、何らかの解決を見た場合でも、もっと良い方法があったのではないかとご自身を責めている先生も少なからずいる。

　しかし、上記のように、学校を巡る紛争は極めて解決が困難であり、それこそ普段から紛争解決に携わる弁護士でさえ扱いにくい。その意味では、紛争を収めることができれば上出来であり、よりよい解決に巡り会えるかは、運次第と思うくらいでよいのではなかろうか。

コラム

【その⑯】

子離れ検定

　　　いまどきの学校の悩みに、生徒を指導する前に親の教育をしたいというのがあるのではなかろうか。

　自分のことを棚に上げて子どもや学校に対してあれこれ言うくらいならまだかわいいが、子離れができておらず、子どもの挫折や失敗を自分の挫折・失敗かのように受け止めてしまうため、子どもを競争の場に送り出せない親がいる。

　こうなってくると、子育て以前に親教育が必要になる。検定ブームにあやかって、誰か、親御さん向けに「子離れ検定」を作ってくれないだろうか。そうしたら、入試要項に、親の「子離れ２級以上」と書き加えるのに……。
　これが冗談と言っていられないのが現状であるが、そのような検定ができるはずもない。だから、子離れができていない親がたくさんいることを覚悟の上で、入学時や進級の時に、学校の方針をよくよく親に伝えておかないと後のトラブルとなる。ことの性質によっては、入学前に告知していなかったことで、学校側の説明義務違反となるおそれがある。
　保護者に対する学校の方針の説明が、適時に行われているか、見直す必要があろう。

4　教職員の抱える法的リスク

　学校現場での危機管理にあたり教職員は、学校活動の上で様々なトラブルの経験を踏まえ、適切に対応している場合がほとんどであろう。また自身の手に余る問題でも、大半は、先輩教員の話を聞きながら誠心誠意、そして創意工夫をしながら対応しているはずである。
　しかし、その対応が、法的に見て適切なものであるとは限らない。当事者が納得してしまえば法的評価とは無関係に紛争は解決するからである。だから予想外に、「それは違法だ！」「訴えてやる！」といった法的問題に発展すると、現場の教職員だけでは手に負えないトラブルになる可能性が高い。そこで、現在直面している法的責任について教職員の側で自覚をし、そういった場合にもパニックに陥らないために、学校活動上で起きる様々なトラブルに関して生じる法的責任を概観しておくことにする。

⑴　学校事故をめぐる責任
　まず、学校事故をめぐる責任については、道義的責任と法的責任の

二種類に分けられる。

　道義的責任は、法的に何らかの責任を負うとは限らない場合であっても、社会共同生活を営んでいく上で道徳的に求められる責任・対応をいう。学校での紛争の多くは、このレベルでの解決にとどまるものである。もちろん、これらも上手に対応しないと、やっかいな紛争になる場合がある。これは法的に問題があるとまでは言えないレベルのもめ事であるため、当事者が納得するか諦めるまで紛争が継続する可能性があるからである。

　これらについては、次章のクレーム対応の指針を参考にして、上手な対応を検討してほしい。

　次に法的責任であるが、これは民事責任、刑事責任、行政責任の三種に分かれる。

　民事責任は民法上課される損害賠償責任、刑事責任は刑法上科される刑事罰の対象となる責任、行政責任は許認可そのほか行政法上課される行政罰そのほか行政上の法的な不利益の対象となる責任をいう。

　本書では、日常的に問題となる民事責任を対象に議論を進める。

(2)　私立学校と公立学校（国立を含む）の違い

　一般に、民事上の責任は、損害賠償責任の形で現れるが（民法417条・722条1項）、その責任の発生原因は、契約責任と不法行為責任に分かれる。さらに契約責任は契約本体についての契約違反に関する損害賠償責任（狭義の債務不履行責任）と契約に付随する義務の不履行責任（付随義務違反）に分かれる。

　ただ、教職員の責任の負い方は、その所属が公立学校か私立学校かで大きく異なってくる。

　公立学校の教職員が他人に対して損害賠償責任を負担するような行為を行った場合、一般には、国家賠償法が適用されるため、当該教職

員は直接の矢面には立たず、国または公共団体が被害者に対して損害賠償をする義務を負う（国家賠償法１条１項）。もっとも、当該教職員の行為が故意もしくは重大な過失に基づくものである場合には、国または公共団体は、その教職員に求償することができる（国家賠償法１条２項）。

　これに対し、私学の場合、教職員が他人に損害を与えると、その教職員が、その他人との関係で直接に損害賠償責任を負う（民法709条）。そして、当該教職員の損害賠償責任が肯定されるような場合であれば、その教職員に対する監督責任を学校法人に追及できるようになり（民法715条１項）、この場合の教職員と学校法人の損害賠償責任は連帯責任となる。また、公立学校では、当該教職員の行為が故意もしくは重過失に基づくものである場合に、当該教職員も責任を負うのに対し私学では単純な過失であっても責任を負う。その結果、単なる過失に基づく事故であっても、数千万円から数億円に至るほどの損害賠償責任を学校法人と連帯して負う場合もある。

　以上から、私学の教職員は、損害賠償請求の際、直接の矢面に立つこと、そして当該教職員の責任が認められなければ学校法人が損害賠償責任を負わないこと、さらに金額の多寡を問わず、単なる過失で損害賠償責任を負うという点で、公立学校の教職員と比べてよりリスクが高い立場にあるということになる。

　このように、同じ教職員でありながら、公立学校と私立学校で教職員が負う法的責任については、大きく異なる。もちろん、そのことによって、教職員として果たすべき役割が変わるわけではないが、私学の教職員は、一層の危機管理・自己防衛のための準備が必要になる。

コラム

【その⑰】

生兵法は大怪我のもと

　武道の必修化の中で、（一財）少林寺拳法連盟の先生方とお話しをさせていただく機会が何度かあった。少林寺拳法が日本の武道であることから教わるような状況であったが、学校で指導に当たられる先生方との意見交換は有意義であった。

　道場に通ってくる子と、学校で割り当てられたからやる子とでは、やはり意欲・意識に差がある。例えば休み時間に、ふざけて技を使ってみようとする子は、どうしても後者の方に多い。そのため道場での指導以上に、子どもたちに安全に学ぶための指導を徹底することだけでなく、指導者にもその意識を持つことを徹底していた。素人ほど危険なことをするものであり、少林寺拳法の先生方の危機意識は正しいであろう。

　さらにいえば、保護者にとっても、道場を見学して子どもの指導をお願いしたのとは違い、学校が手配した武道の先生に子どもを預けるのであるから、武道の先生と保護者との間で信頼関係を構築するにも時間が掛かるであろうし、そもそも武道をやらせることに消極的なご家庭もあるから、揉め事も起きやすい。指導に当たる先生には、道場で教えるとき以上に、「いじめ」「体罰」等の問題に敏感になっていただく必要がある。

　子どもは武道の素人、武道の先生方は学校での指導の素人。それを知って指導に当たるのが大事と感じた次第である。

5 参考事例

　学校側に向けられる目が厳しい中、事故の責任が学校側にあるとされたとしても、実際にどのように対応すればよかったのか、そのなすべきであった対応を考えると難しい事例として、次のような裁判例を紹介する（仙台地裁平成20年7月31日判決判時2028号90頁、判タ1302号253頁）。

⑴　事案の概要と判旨

　ある中学校の第二学期の終業日、事故が起きたのは午前7時40分頃である（学級活動は、8時25分開始予定）。

　生徒A（加害者）は、中学1年生であるが精神的に幼い部分が残っており、意志が弱くその場の雰囲気に流されやすい性格で、悪ふざけをする際には度を越しやすく抑制がきかなくなるところがあり、日頃から他の生徒に対し、気を引いて仲間に入れてもらおうとして、わざと悪口を言ったり、男子生徒のお腹を叩いたり、女子生徒の髪をひっぱったりするなどしていた。そのため、クラスでは浮いた存在となり、授業中に教員の授業を妨害して他の生徒の気を引こうとしたり、素行の悪い上級生と夜遅くに公園やゲームセンターで遊ぶなどの行動にも及んでいた。

　事故当日も教室内で、同じクラスの生徒B（被害者）に対して「でぶ」と言ったり、足を蹴ったり、お腹を軽く殴ったりするなどのちょっかいを出していた。Bは、「やめろ。」と言ったが、しつこくAがちょっかいを出すので、Bは、いい加減にやめてくれという気持ちでAを押し返し、軽く脚を蹴った。

　Bのいつもと違う態度に驚いたAは、教室後方中央の机を倒して、後ろにある清掃用具を入れるロッカーから、座敷ほうきと自在ほうきを取り出した。

　このとき、Bは、Aが倒した机を元に戻していたが、Aは右手に持っていた座敷ほうきの柄で、そのBをつつくなどしていた。

　教室内には、数名の生徒がいたが、Aがこの程度のちょっかいを出すのはいつものことであったので、ほうきを取り出したあたりはいつもと違う様子ではあるものの、いつもの延長として、特に緊迫した雰囲気を感じるような状況ではなかった。

　しかし、Bが、Aの座敷ほうきを取り上げたので、Aは、動揺して

Bにこっちに来るなと言ったが、さらにBが一歩近づいたので、Aは手にしていた自在ほうきをBに向かって投げた。その結果、そのほうきがBの右目の眼鏡に当たり、その眼鏡のガラス片が右目に入ったため、Bは右目を損傷し、矯正視力0.05（事故前の矯正視力は、1.0）、視野欠損（通常人の6割程度）等の後遺症を負ったという事案である。

　裁判所は、この事件について、加害者Aの自己抑制力の乏しさに随伴する危険性は、過去にも時折発現していたから、学校は他の生徒らへの生命・身体に危険が及ぶ可能性があることは具体的に認識していたとした上で、学校は担任や学年主任が指導を行ってもなお生活の改善が見られない場合には、職員会議や生徒指導委員会で議題として提示するなど学校全体で指導する体制を構築し、親権者に対しても、学校の指導内容や生活状況を伝え、親権者らによる指導を求めるべきであったところ、これを怠った結果、本件事故が発生したとして、学校を設置管理している町に、加害者の親と連帯して、3,300万円強の損害賠償責任を認めた。

(2)　検　討

　上記の裁判例は、公立中学校での事件であったことから、担当教員や校長は被告となっていない。これは国家賠償の問題となるため、担当の教員らは被害者に対し、直接に損害賠償責任を負担しないからである（国家賠償法1条1項）。

　これに対して、この事件が私立学校で起きた場合には、学校の責任（民法715条1項）を追及する前提として担当教員が不法行為責任（民法709条）を負う。そして、その責任が認められた場合は、担当教員及び校長も連帯して同様の損害賠償責任を負うことになる。その結果、上記事案の場合であれば、3,300万円強の損害賠償義務について、校

長、担任、学校法人が連帯して責任を負う。

　もちろん、上記裁判例の述べるところは、現場の教職員にとって受け止め方は様々であろう。

　もともと始業時間前は、生徒が自主的に過ごす時間という側面が強く、その間に起きた事故について、教師・学校側の責任を否定している裁判例も多い（最高裁昭和58年6月7日判決判タ500号117頁ほか）。

　しかし、始業前でも学校教育活動と密接に関わる以上、教師には、生徒を保護し、また監督する義務があることは当然である。したがって、当該事故の発生について、ある程度の予見可能性があれば、具体的対応をしなかった学校側は法的責任を負うこともやむを得ない。

　上記事案では、加害者である生徒の性格、心身の発達状況や現在の問題行動などについて、教師の側である程度は把握していたのであるから、職員会議等で議題にし、両親と連携を図って指導に当たるなど、まだ学校側でやれることがあったのであり、学校は法的責任を負うべきという考えに基づくものであろう。

　これに対しては、職員会議で議題にしたり、両親と話し合うなどはできたかもしれないが、それをしなかったから本件事故が起きたというわけではないとも考えられる。また、授業時間外での子ども同士の悪ふざけ・喧嘩についてまで、いちいち監視するわけにもいかない以上、そこまでは学校として責任を負えないという意見もある。

　そもそも自己抑制力に乏しい生徒がいるからといって、その生徒に対して、特段の厳しい、あるいはこまめな指導をすべきという考え方についても賛否は分かれるであろう。実際、両親と連携するどころか、そういった相談をすることだけで、学校から問題児扱いされたといって過度に落ち込んだり、あるいは、学校に反発してくる保護者も見られる。その意味では、まだやれることがあったというのと、それをしなかったことが法的責任の対象となるかについては、もう少し丁

寧に議論する余地がある。

　いずれにしても、上記事件では、私立学校であれば校長・担任・学校法人は、けがをした生徒に対して、3,300万円強の損害賠償責任を連帯して負うことになる。生徒の指導体制について、裁判所が、そこまで厳格に求める場合があるという実情を教職員の側でも認識しておく必要がある。

先生は　何でもできる　知っている

【その⑱】

　　　　5・7・5ときれいにまとまったが、どうであろうか。

　　　生徒や保護者の先生に対する期待を表す言葉でもあるが、危機管理の現場では、むしろ逆の意味で使われる。先生なんだからもっとちゃんとやれよというのである。

　先生方と話していると、その常に最善を目指す姿勢には本当に頭が下がる。それなりにしっかりやっているのに、まだやりようがあったのではないか、もっと上手にできたのではないかと常に頭を悩ませている。

　確かに、後から考えればやりようはいくらでもあったであろう。それは次回までの改善点として考えればよい。これに対して法的責任が問題となる場合には、その当時、その場でどうすることができて、どうすべきであったのかが問題となる。

　そう考えると、今振り返ればほかにもやりようがあったが、当時の状況では、仕方がなかったと思うことは多いのではなかろうか。

　ただ、訴訟の現場では、「やれることをすべてやらなかった＝過失あり」という流れに持ち込み、その先生方の熱意を逆手にとって、学校側に損害賠償責任を課している例が多いのは残念なことに思う。

第2　危機管理をめぐる基本的視座

1　危機管理の基本

　一般に、危機管理の基本的な手法は、危険が現実化する前に、その芽を摘むことである。すなわち、危機管理の最善は、その危険を除去するところにある。もちろん、危険を除去するには、当該危険が既知のもの、もしくはある程度具体的に予見可能なものでなければならない。

　しかし、様々な活動を行うに当たってはリスクの種類は様々である。そこでリスク管理という場合、単に危険の除去だけではなく、危険をコントロールすることも考える。具体的には、まずどのようなリスクがあるかを検討し、そこで把握されたリスクについて、①危険の芽を摘む、②危険を回避する、③危険を低減する（より安全な方法を選択するなど）、④危険を分散させる（保険などによる損失の分散を図る）などの方法が考えられる。

　まずは、上記①から④に当てはまる事例を学校活動の中で考えてみるのも、リスク管理の手法を再確認するにはよいであろう。

2　危険の除去と危険の体験　～小さな危険と大きな安全[1]

　冒頭で述べたとおり、学校活動の中で危険を生み出す基本的要素

1）（公財）日本スポーツ協会日本スポーツ少年団・（公財）スポーツ安全協会・日本スポーツ法学会が主催する「ジュニアスポーツの育成と安全・安心フォーラム」で用いられた標語であるが、学校の危機管理についての基本的な心構えを語るに最も適切な表現と思われるので、是非、参考にしていただきたい。

は、子どもの存在・子どもの好奇心、そして子どもの行動自体であるから危険の芽を完全に除去することはあり得ない。学校が子どもの生活空間である以上、危険の芽を摘むことは不可能なのである。

　これは交通事故、医療事故、労働災害など、ゼロにすることが目標でありながら、これを実現できないのと同じである。これらの行為は、その行為自体が危険性を有するため、事故をゼロにするには当該危険な行為をやめるほかなく、一定の割合で事故が存在することは前提とせざるを得ない。

　また、学校が単なる子どもの生活の場ではなく、子どもの成長の場であることを考えれば、一層、事故の確率は高くなる。もともと、子どもが成長していくには、子どもが今できることより、少し難しい課題をこなさせていく必要がある。これは勉強にしても運動にしても、子どもに多かれ少なかれ、負荷をかけるあるいは無理をさせることになるから一定の確率で事故につながってしまうこともやむを得ない。

　分かりやすく言えば、サッカーを上手にさせる練習をしながらサッカーでけがをする生徒をゼロにすることはできないということである。けがをゼロにするには生徒にサッカーを禁止するしかない。しかし、その決断は、生徒がサッカーでけがをしない代わりに、子どもの成長の機会を奪うことになる。人は様々な困難に立ち向かう過程で創意工夫をし、また挫折を経験して成長していくのであるから、ある意味、多少のけがは仕方のないことである。むしろ小さなけがを経験することで、次にけがをして自分が痛い思いをしないようにするためにはどうしたらよいかを考えさせる、そういったことが子どもの成長につながり、将来の大きな安全へとつながっていくのではなかろうか。

　子どもの生活の場から危険を除去し、子どもが危険を体験する機会を奪った結果、その子どもが大きくなったときに、もっと大きな危険に直面するようでは困る。危険を除去するだけでなく、大人が管理す

る中で、子どもを危険に触れさせることも十分に検討しなければいけ
ない（水泳の授業などで、着衣水泳を体験させることなどが、その良
い例であろう。）。危機管理を考える上で、危険を除去して子どもの安
全を図るだけでなく、危険を体験させて子どもの危機管理能力を高め
ることも教育の場として求められるのである。

いまのうちに

【その⑲】

　　　小さな危険と大きな安全の話は、教育現場で非常に分かりや
すい話である。大勢の大人が傍にいて、いろいろサポートでき
る間に、一人で乗り越えられない大変なことを体験させておけば、社会に出
ても一人でやっていけるようになるであろうというものである。

　ここで体験させるものに、小さな危険だけでなく、小さな挫折も加えてお
いてほしい。

　一生懸命取り組んだけれどうまくいかないこともある。だけど、そのこと
によって、何が否定されたわけでもないのだから、別に恥じることも、悔や
むこともなく、次に向けて新たな工夫をして挑戦してほしい。

　大勢の大人が傍にいるときに、挫折を乗り越えた体験がある人とない人と
では大きく違うような気がする。

　競うことを序列化といって嫌う風潮があるこのご時世では、一層大事なこ
とだと思ったりする。

3 学校における危機管理のあり方

　以上を踏まえた上で、学校に求められる危機管理とは何かを考えると、危険の芽を摘むことよりも、危険を学校の管理下に置くこと、すなわち、子どもが接触するリスクを大人（学校だけでなく、協力してくださる父兄・保護者、地域社会の眼なども含む。）の管理ないし対処できる範囲内に限定することが重要ではないかと考える。リスクはゼロにできないものの、そのリスクが現実の事故につながる確率をできる限り抑えること、あるいは現実の事故につながったとしても、その事故で生じる損害を事後的に回復可能な範囲に限定していくことが重要である。

　やや矛盾した言い回しになるが、子どもたちが安全な環境で、安心して危険と触れられるようにすること、すなわち安全に危険と触れ合う環境が重要である。スポーツなどはまさにそうである。けがをしたり、溺れたりする可能性がある活動を、教員の監視の下に安全に行っているのである。このことから学校に求められる危機管理としては、①学校活動それ自体が内包する危険については、危険が具体化した場合に大事に至らぬよう損害を軽減する体制を作り、②学校活動それ自体に内包されないリスクについては、可能な限り、予め除去することが求められるといえる。

4 検　討　〜リスクの除去と体験に関する一事例

(1)　学校管理と小さな危険

　「大人が管理可能な範囲での小さなリスクを体験させることで、将来の大きな安全につなげる。」、これは分かりやすい指針であり、子どもの自主的な成長を促す良い方法のように思われる。例えば、自転車

は交通事故の原因になるから大人になってから乗りなさいと指導した
とき、将来、その子どもの運転する自転車が安全かというと、かえっ
て危険であることは容易に想像がつく。子どものうちから自転車に
乗っていた方が、自転車を上手に運転できるのは当然である。

　しかし、リスクがこの程度であればよいが、自転車がバイクになっ
た途端に、同じような意見が言いにくくなる。生徒がバイクで事故を
起こしたときのことを考えると、ついつい在学中は免許の取得を禁止
したくなる。バイクは高校を卒業するまで免許を取るべきでない（三
ない運動）という考えもあれば、自転車同様、早くから運転の技術や
交通ルールを学校でも教え込んだ方が、将来の事故防止につながると
考えもあろう。

　さすがにバイクの免許となると学校それぞれの判断もあろうが、い
わゆる「三ない運動」は、高校在学中の生徒のバイク事故をゼロに近
づける効果はあるが、その生徒が、将来、バイクで事故を起こす可能
性は、かえって高めているように思われる。在学中に免許を取得する
べきではないと考えること自体は構わないが、必ず、先送りしたリス
クがあることを踏まえて判断してほしい。

(2)　今、学校の中にある危険
ア　スマートフォン等

　前記のようなバイクの事例は、学校内では特に深刻な問題を生
まないかもしれない。高校生の生活に、バイクが不可欠という例
は、まれだからである。

　これに対し、生徒の生活に不可欠でありながら学校運営に支障
を来し得るものとしては、スマホ等が挙げられる。これらは登下
校中の利用マナーや授業中のメール・WEBサイトの閲覧、休み
時間中の生徒の交流の妨げとなったり、いじめの道具、はたまた

不適切な使用で生徒が事件に巻き込まれるなどのリスクもある。また、ネット依存症など、生徒が生活する上で好ましくない影響もある。学校側が、遠ざけたい、少なくとも学校には持ち込ませたくないと考えることも、十分にうなずける。

　しかし、スマホの使い方を十分に学んでいなかったがために、大学生や社会人になって、SNSなどでの振る舞いを誤って思わぬトラブルに巻き込まれたり、それこそ犯罪に巻き込まれたり、犯罪に加担してしまっている例も見受けられる。そういったことを考えると、早くに持たせ、その利便性と危険性をきちんと教え、より良い利用方法を子どものうちに刷り込んでしまうべきだとも考えられる。

イ　スマホ等に関する学校での取扱いについて

　スマホ等の扱いについては、公立・私立、学校のある地域・場所、在学する生徒や親の生活状況、校風などで大きく異なる。

　例えば、東日本大震災の経験から、子どもの安否確認や保護者との連絡等にスマホが不可欠ないし学校への持ち込みもやむを得ないと考えるようになった学校も少なくない。

　筆者の知る限りでは、東日本大震災で生徒の安否確認に苦労した地域は、比較的スマホの持ち込みを許す方向に考えている学校が多い。また高校に関して言えば、私立と公立では、私立の方が、持ち込み禁止の校則を設けているところが多いようである。

　いずれが良いというわけではないが、十分なリスク評価、特に生徒・児童の将来まで考えた結論であったかどうかは検証してほしい。その上であれば、いずれの結論も学校の判断として許容されるであろう。

ウ　スマホ等についての校則等による規制と問題点

　スマホ等について学校側が規制する場合でも、その規制が正当

なものであるか、また不当でないとしても、学校側に無用のリスクを生じさせるものではないかを確認しておく必要がある。

　まずスマホ等の持ち込み自体を禁止する学校では、そのようなルールの存在が、入学前に告知できているかを確認してほしい。特に、一律禁止とするような場合は、事前告知を何らかの方法でしておく必要がある。

　また一律に持ち込みを禁止していなくとも、学校に来たら、スマホ等を教員に預けるなどのルールを採用している場合には、そのルールの根拠及びルールに違反した場合の制裁の根拠を明らかにする必要がある。生徒会規則のように、生徒が自主的に定めたものであればよいが、そうでない場合であれば、慣行や個々の教員の裁量といった曖昧なものに依拠せず、学校内の手続を経たルール化をしておく方がよい。そうしないと、預かったスマホ等の保管中のトラブル、あるいは返却の際のトラブルなどで、学校がなぜそのような対応をしたのかと問い詰められた際の説明に苦慮しよう。

　なお、スマホ等を学校が預かっている間に故障したといった苦情を寄せられたり、返却の際に他の生徒が教員の隙を突いて友人のスマホ等を盗んでなりすましに利用したり、スマホ等の中にある情報を盗み出して流布するなどの犯罪的な行為が行われたり、あるいは、ルール違反があって教員がスマホを取り上げたものの、親がそれを取りに来ないどころか、いらないから学校で捨ててくれと言ってきているなど、学校側で保管したがゆえの教職員の負担増加が著しいように思われる。

　ルール作りのあり方を考える以前に、規制することの費用対効果も考える必要があるように思われる。

エ　検　討

　筆者としては、子どもの成長のためであればリスクと向き合ってこそ教育という気持ちがあるので、スマホ等についても、学校への持ち込みを禁止するより、持ち込みを認めた上で、利用のルールを生徒に決めさせ、それを守らせる方が好ましいと考える。

　なおスマホについては、各社のホームページや安心ネットづくり促進協議会ホームページ（https://www.good-net.jp/）で様々な取り組みが紹介されており、子どもが安心して使えるようなルール作りなどについて、各地で講演や勉強会が開かれている。

　小中学校において、警察の協力の下で交通安全教室などを開いていることを考えれば、スマホでも同様の取り組みを考えてもよいのではないかと思うところである。

コラム

【その⑳】

忙しくてやりきれない

こんな詩がある。
「科学技術でゆとりの生活？　それは過去のはなし
　ああ、時間を奪うよ　隙間を埋めるよ　最新テクノロジー」
（詩・曲　changsu「忙しくてやりきれない」アルバムPORTRAITより。）

確かに、技術の進歩で豊かになったのか、首が絞まったのかよく分からない。
今、携帯電話やスマートフォンは、我々の生活を豊かにし、かつ圧迫もしている。生徒にとってもそうであろう。しかし、携帯電話やスマートフォンのない社会は、今考えられない。そうだとすれば、将来の子どもたちのために、今から、より適切な使い方を教えてあげることが大切なように思う。実際に、中・高・大で起きているスマホのトラブルは、知識の不十分な子どもが引き起こす。それこそ学校をまたいだ問題にまで発展している例も多々ある。取り上げることより、教えることの方が重要ではないだろうか。

＊changsuさんは、「イムジン河」をカバーしたことで知られるアーティストです。
本書に引用することを御快諾いただいたこと、ここに御礼を申し上げます。

第3　リスク管理の手法

1　6つのチェックポイント

　危機管理を具体的にどのように行えばよいのか。ここでは、6つの
ポイントに絞ってその手法を確認する[2]。

(1)　ルールの確認と徹底

　スポーツのルール、交通ルール、学校内での規則など、子どもたち
が守らなければならないルールの中には、危険を防止し、安全を確保
するためのものが多く含まれている。ルールを守らない者が一人でも
いれば、そのルールの遵守によって抑制されるはずの危険が現実化
し、ルールを守らなかった本人だけでなく、その友人や周囲の人にも
危害が及ぶ可能性があることを理解させる必要がある。そして、そう
いったルールの趣旨を把握させ、子どもたちにルールを守る意味と習

2）この記述に当たり、ポイントを6つに整理する手法は、（公財）日本スポーツ
協会の公認指導員講習で講師を務めた際に学んだものに負うところが大きい。
ただ、筆者の本文で述べたところは筆者の経験を踏まえた部分もあるので、
（公財）日本体育協会ないしその公認指導員講習のテキストを執筆された菅原哲
朗弁護士の意図するところとは、一致しない部分もあろうかと思われる。そこ
で、体育・運動部で指導に当たる指導員の先生方には、菅原哲朗弁護士の著書
である、菅原哲朗『スポーツ法危機管理学』（エイデル研究所、2005）を手に
とっていただきたいと思う次第である。

慣を身につけさせることが大切である。

　特に、スポーツでは、人の死傷の結果を伴う危険を内包するにもかかわらず、それが社会的に相当なものとされているものも多い。これは、人の死傷の結果が生じても、そのスポーツのルールの中で起きたことであれば、原則として、民事罰・刑事罰の対象とされないことを意味する。

　そのような危険な行為が社会的に許容されるのは、ルールにより危険が抑制され、かつ競技者が皆そのルールを理解し、遵守するという前提があるからである。もちろん、ルール違反となる行為も、スポーツの中では社会的に相当ないし許された危険の範囲内と見られる場合もある（例えば、野球のデッドボールでバッターがけがをしても、業務上過失傷害罪（刑法211条）は成立しない。）。しかし違反の程度が著しければ不法行為となって民事損害賠償責任（民法709条）や傷害罪（刑法204条）などの刑事責任が追及される場合もあることには注意を要する。

　なお、ルールを徹底する際には、ルールの強制が必要であるが、これを守らない者に対する対応は難しい。言って分からないのならと、いきおい手や足が出てしまいかねない。しかし、体罰は一種のパワハラであり、体罰に頼らないペナルティの課し方を検討していかなければならない（後掲130頁以下の第4、1を参照。）。

(2)　無理のない活動計画

　学校活動を通じて子どもが成長していくには、その過程で、多かれ少なかれ、子どもが今できることより、少し難しいことに挑戦させなければならない。それは少なからず、心身への負荷を伴う。

　指導に当たる教職員は、子どもたちの心身に負荷をかけていることを自覚し、計画段階で無用な危険を生じさせないことが重要である。

特に、学校活動は集団行動であるため、多少体調が悪くても、生徒の側からリタイアすることを申し出にくい心理状態にある。また、子どもは判断能力が十分でないがゆえに、どこまでが自分の意志の弱さで、どこからが本当に無理・限界なのかを把握できていない。

そういったことを踏まえ、参加者の安全こそが学校活動を楽しむ最低条件であるということを忘れずに活動計画を練る必要がある。

この活動計画に無理がないことというのは、①スケジュールの問題だけではなく、②生徒のレベルに応じた活動内容であること[3]③さらに生徒の当日の体調に応じて無理がないものといえるかどうかも問題となる。

①、②については、事前に検討できるが、③については、現場の判断が重要である。目の前にいる生徒に対して、練習や試合、あるいは修学旅行その他の学校行事から外れるべきことを宣告するのであるから、教職員にとっては辛い判断を迫られることにもなろう。

しかし、この後に記す(3)悪い予感を払拭しないということ、(6)最悪の事態を想定して活動の中止を恐れないという指針と合わせて考えると、当日の生徒のコンディションを見て、大人としての判断をするということは極めて重要なこととなる。

なお、その際に重要なのは、最終的な決定権者、責任の所在を明確

---

3)　レベルに応じた活動内容の確保というのは、教育の現場で、普段、経験できない物を見せようというのと矛盾する場合がある。観劇や音楽鑑賞などでは、新たな体験は良い刺激となろうが、身体接触を伴うスポーツの場では、普段経験できないような強豪との対戦の機会を設けるというのは、良い刺激となる可能性がある反面、そのまま生命・身体の危険へと直結する。

　この点について、県立高校のラグビー部の顧問が、社会人チームとの練習試合を組む際、経験の必要なポジションに、経験の浅い者を配置したため、試合の際の身体接触で肩より下の部分の麻痺という後遺症を残した事案で、安全配慮義務違反を認めるなどの裁判例が多々あることに注意を要する（福岡高裁平成元年2月27日判決判時1320号104頁、判タ707号225頁）。

にしておくことである。責任の所在が曖昧であると、厳しい宣告を避ける方向に議論が流れやすく、生徒の生命・身体に危険な判断を安易に行いがちになるからである。

コラム

【その㉑】

どうやって行きますか？

　　　クラブ活動の遠征などで、公共交通機関の利用が不便な場合、車、特にバスの送迎が必要となってくる。こういったとき、学校でバスを手配する、顧問の教諭が車を運転し送迎する、保護者に分担して協力してもらうなど、いろいろな方法が考えられる。

　バスを手配する予算があればそれに越したことはない。しかし、そうもいかない場合が多いであろう。そこで、①学校でバスを手配した場合、②車を学校で購入し、運転を業者に依頼した場合、③教員が車を運転した場合、それぞれの交通事故の場合の責任について、事故の責任の違いを簡単に見たい。

　①の場合、特に業者の選定や学校から業者への指示が不適切であった場合を除き、学校は事故の責任を負わない。②の場合、学校は、車の所有者として、事故の被害者に対する損害賠償責任を負う。③の場合、事故の被害者に対する損害賠償責任のほか、事故が教員の過労などに起因する場合は、過労の原因に関与した使用者としての刑事責任を問われる可能性もある。

　損害賠償責任については、まだ保険でのカバーができるが、罰金の前科を科されたり、刑務所に入るのは本人しかできない。予算うんぬん言っていられないはずである。

　さて、どうやって行きますか？

(3)　悪い予感を払拭しない。危険を感じたら速やかに対処

　一般に、事故は不慮のものである。したがって、事前に予測された事故などはあってはならない。予め分かっている危険の芽は摘まなければ意味がない。これは事故防止のための最低限の作業である。そし

て、その除去を怠ると安全配慮義務に違反したとして、民事上・刑事上の責任が問われる可能性がある。

　危険の除去という点では、用具や設備の安全確認を怠らないことも重要である。大人を相手にするのであれば、「そのあたり、板が腐っているので近づかないでください。」と注意すれば足りるのであるが、子どもは、注意されると怖いもの見たさでかえって近づきたくなるものである。それゆえ、「危ないから、気をつけろよ。」と注意しただけでは学校側で安全配慮義務を果たしたことにはならない。むしろ、注意しなければいけない状況にあることを把握しながら、その危険を除去しなかった法的責任が問われることになる。

　したがって、危険の存在が分かっているのであれば、それに対して速やかに対応・修理し、その対応・修理がされるまでの間、進入禁止の措置をとらなければいけない。

(4)　現地の確認と現場に応じた対応マニュアルの作成

　リスク管理の基本は、リスクを除去することであるが、繰り返し述べたとおり、学校の現場でリスクの全てを除去することはできない。求められるのは、予測される危険についての対策である。そして、予測される危険についての対策を立てることで、危険を抑制しつつ、危険が現実化した場合の損害拡大を防ぐことができる。

　例えば、修学旅行や遠足等の遠出の際には、病院がどこにあって、どの程度の時間で行けるのか。その際の交通手段をどうするかなどの対応を予め検討しておく必要がある。また、AED（自動体外式除細動器）の設置場所など、応急処置の道具があるかどうかの確認もしておくべきであろう。現に、春季高校野球大会予選の試合中に投手の左胸を打球が直撃して心肺停止状態になったときに、たまたま試合を観戦していた救急救命士らがAEDを使うなどしたため、一命を取りと

めた例がある（平成19年5月1日読売新聞）。

　事故を防ぐことが一番大事なのであるが、事故が起きたときの適切な対応の準備も、同様に大事である。

　現地のリスク確認という点では、海外に行く場合の渡航先の治安情報、国内であればスキー合宿の際の雪崩に関する情報などが、予め確認すべき事柄に入ってくる。スキー合宿の際の雪山の状況や、臨海学校で海水浴場以外で泳がせる場合などでは、現地の下見を求められることもあり、それを怠ったこと自体が法的責任の原因ともなり得る。

　せっかくだから、普段行かない場所に行かせたいと思うのであれば、現地のリスクの確認を十分に行う必要があるし、下見などに行く余裕がないのであれば、下見に行かなくとも現地のリスクをある程度把握できる場所を選ばなければならない。

　学校行事を通じていろいろな体験をさせたいと思う教職員サイドからは異論があるところかもしれないが、法的な責任に配慮すると、前記のようになる。

(5)　保険への加入

　事故対応の準備として、危険の予測が重要であることは既に述べたとおりである。しかしリスクが存在すると分かっている以上、予防措置を講じるだけでは不十分であり、最悪を想定して、リスクが現実化した場合の対応を考えなければならない。

　そこでリスクが現実化して事故につながった場合に、せめて金銭的な負担ができるような準備をしておくことが必要である。その典型は、保険加入であろう。スポーツ安全保険などの活用は考えられてもよい。

　なお、イベントが中止になったことによる損害の填補をする必要がある場合などには、（実際に加入するかは、別として）興行中止保険

への加入も検討するとよいであろう。

(6)　最悪の事態を想定し、活動の中止を恐れない

　事前の準備として、上記(1)〜(5)を行った上で、最も重要なのが、想定外の事態を生じたときや、活動の継続困難を感じたときに活動中止の決断をすることである。

　せっかくだから、できるところまで生徒にやらせてあげたいという気持ちは、教職員誰もが抱える心情である。しかしそれが最悪の結果につながることが少なくない。

　もともと子どもはイベントをやりたいのであるから、近くにいる大人にとっても、やるという決断は容易である。ここで大人にしかできない重要な決断は、最悪の事態を避けるための中止・後戻りの決断である。

2　まとめ

　学校側が事前になし得る安全確認の方法として、①ルールを確認し徹底すること、②余裕をもった（無理をしすぎない）活動計画を立てること、③嫌な予感には素直に従って、不安の原因を除去すること、④現地を確認し、予測される危険を踏まえた対応マニュアルを作成しておくこと、⑤万が一の金銭的な対応に備えて保険に加入しておくことがある。

　そして、行事の当日については、危険を感じた場合、これを避けるために⑥勇気をもって中止の決断をすることが必要となる。

肝試しで驚いたのは？

　　　学校行事は、一生の思い出。いろいろなサプライズを用意したい。しかし、そのサプライズがどういった結果につながるか、時には想定外の事態を引き起こす。

　夏の肝試し。それは生徒にとって、怖いもの見たさの夏の体験、たくさんの笑い話を含んだ楽しい思い出となろう。しかし、肝試しで驚いた生徒の行動が教員の想像を超えたとき、びっくりするのは生徒でなく教員の側となる。

　驚いた生徒が扉や壁に激突する、思わぬ方向に走ってがけを滑り落ちるなど、顔・身体に思いもよらぬ大きな傷を残すおそれがある。

　まさに子どもの行動は想定外。いろいろな体験、思い出作りは是非ともしてほしい。しかし、それは安全と一緒に届けなければ良い思い出とはならない。本文でも繰り返し述べた、小さな危険と大きな安全。あくまでも大人がコントロールできる危険の範囲内で、良い思い出をたくさん届けてほしい。

第**4**　リスク管理に当たっての検討課題

1　ルールの確認・徹底と体罰

⑴　ルール徹底の際の危険

　リスク管理に当たって、まずルールを確認し徹底すべきとしたが、それをするに当たっては、その指示、ルールに従わない者に対して、どのように対応するかという問題に直面する。いわゆる言って聞かない者に対して、どうルールを強制するかである。

　その際、頭に血が上ってつい手が出てしまったということなどは、あってはならない。何らかのペナルティを課すとしても、それが学校教育上必要な懲戒権の行使の範囲内といえなければならない（学校教

育法11条、同法施行規則26条1項）。

(2)　体　罰

　体罰とは、懲戒を逸脱して肉体的苦痛を与えるものであるが、懲戒と体罰の区別は微妙である。法務省法務調査意見（昭和23年12月22日）では、「懲戒の内容が身体的性質のものをいい、例えば殴る・蹴るといった身体に対する直接の侵害を内容とするものはもちろん、正座、直立、居残りをさせること、疲労、空腹その他肉体的苦痛を与えるような懲戒」を体罰の例として挙げている。そしてこの趣旨は、「体罰の禁止及び児童生徒理解に基づく指導の徹底について」（平成25年3月13日平成24文科初第1269号）でも確認されている。

　頭を平手で叩く行為も体罰の例に挙げられていることからすると、言って聞かない生徒に対して学校側は極めて無力である。

　もっとも、文部科学省の上記通知とは別に、先の法務調査意見を参考にすれば、行為態様だけで一義的に決まるものではなく、懲戒か体罰かは、結局、教育的行為であるかどうかといえよう。そうなると体罰か否かは、生徒と保護者と教員の信頼関係が決める側面も大きい。その意味では、セクハラとなるか否かの議論に類似するところがある。もちろん、これは体罰を行うための抜け道を探そうというものではない。人的信頼関係の欠如が体罰の幅を広げるということである。

　教員・指導員と生徒との間は支配服従関係を生みやすく、かつ制裁を課す場面があるとなれば、暴力・体罰に発展しやすいということは意識しなければならない。これは教員・指導員の熱心・不熱心にかかわらず、指導する側とされる側という人的関係に潜む危険であり、熱心な人ほどそういった振る舞いに陥りやすい。こういったリスクを抑えるには、常に自分の行動を第三者が見た場合にどう見えるか、自分の行動を第三者が見たときにどう評価してくれるかを意識することが

大事であろう。

文部科学省推奨です

【その㉓】

　　悪戯がバレてもげんこつなしなんてずるい……。これはずいぶん古い考えであろう。あれも体罰これも体罰、挙げ句の果てには先生が手を出せないことを承知で挑発してくる生徒もいる。教員もなかなか忍耐のいる仕事である。しかし、教員とて人の子、たまにかっとなって手が出てしまう人もいる。仕方がない側面もあるが、手を上げてしまったら後が大変である。

　　でも体罰をなくすのに最善の方法が厳罰というのは、いかがなものか。体罰が悪いことだとしても、体罰をなくそうとするのであれば、体罰を行った教員を厳しく罰すること以上に、教員に対して体罰に頼らない指導方法を提案・指導した方が合理的なように思う。誰か示してくれないだろうか。

　　もしそれができないなら、この棒でおしりを1日20回までなら叩いても体罰にはならない、そんな尻叩き棒を文科省で作ってもらえないだろうか。その方が、体罰をなくすことができるような気がするのだが、いかがであろうか。

(3)　体罰に頼らない指導の模索

　授業中に騒いで言うことを聞かない生徒を廊下に立たせるのは、ある意味、授業を聞きたくない生徒と真面目に勉強したい生徒の利害の調整の仕方のようにも思える。しかし、前記のとおり、形式的には体罰に該当する行為である。この点では、生徒の側が本気で授業を妨害しようとすれば、教員は無力と言わざるを得ない。

　しかし、その一方で、体罰・暴力をもって守らせなければならないルールとは何か、ということも考えなければならない。

　少なくとも、スポーツのルールに関して言えば、体罰・暴力をもっ

て守らせているものはない。そういった意味では、工夫次第で体罰を
伴うことなく、子どもをルールに従わせる方法はあるのであろう。

　守るべきルールの内容と根拠を明確にした上で（透明性・公平性）、
それを守らない者に対し、体罰・暴力に頼らないペナルティを課すと
いう運営も十分可能なはずである。

【その㉔】

ルールを身につけるためには

　　体罰は、怒りにかまけたときに起きやすいのであろうが、教
員も人間、どこかに我慢の限界はある。正直なところ、つい手
が出てしまう気持ちは分からないでもない。

　しかし、怒りの原因は、いちいち指示を出して従わせなければいけない環
境にもあるように思われる。なかなか指示どおりに動かない子どもに何度も
何度も同じ指示を出していると、イライラするのも当然である。

　例えば、「好き嫌いを言わずに食べよう。給食を残さず食べよう。」という
ときに残さず食べ終わるまで居残らせたら、残る方は給食がもっと嫌いにな
り、早く食べろと言っている教員の方も、時間がどんどん過ぎていくイライ
ラに耐えなければならない。両当事者にとって不幸なことである。

　この点、東京都足立区の取り組みが面白い。残さず食べてもらうために、
日本一おいしい給食を作ろうというのである（https://www.city.adachi.
tokyo.jp/kyushoku/k-kyoiku/kyushoku/index.html）。

　子どもも楽しく食べるし、作る方も嬉しい。もちろん、子どもの健康にも
良いし、給食残飯を減らすことは、大量の生ゴミを減らすことにもつながる。

　そんな工夫が、もっといろいろな場面にできたら、教員にとっても生徒に
とっても、学校はもっと楽しくなるのではないだろうか。

2 事例研究

⑴ イルカウォッチング事件（～無理のない活動計画）

　本件は、体操教室のサマーキャンプで離島にイルカウォッチングに行った際、浮き輪を付けていた泳げない子どものうちの一人が浮き輪から落ちて溺死した事案である。

　本件は、子ども16人、引率者３人で離島に２泊３日のキャンプに行ったのであるが、初日・二日目と天候に恵まれず、ようやく晴れた最終日に、イルカウォッチングの前の空き時間を利用して海水浴と釣りを行った。海水浴は島の子どもや観光客がよく遊んでいる漁港で、釣りはその海水浴をしているところの防波堤で行うこととし、おおむね子ども３人・４人が釣りをし、残りが海水浴をしていた。引率者は、釣りに１人、海水浴に２人を割くことにした。

　ところが、イルカウォッチングの遊覧船が予定より30分早く漁港に戻ってきたため、海水浴をしている子どもを見ていた責任者が、釣りの方を見ている引率者のところへ、声をかけに行って戻ってきたところ、子どもが一人足らず、直後、海に沈んでいるのが発見された。

　この事件について、検察官は、①遊泳禁止でないとしても、少し奥に行けば水深のある漁港で泳がせたこと及び②泳げない子もいる中、子ども16人に対し引率者が３人しかいないことが問題であるとして、引率者の代表を業務上過失致死罪で起訴した（東京地裁平成23年７月14日判決判例集未登載（平成23年（刑わ）第758号・業務上過失致死被告事件））。

　この事案では、引率者の過失が、泳げない子どもから目を離したことではなく、泳がせた場所と引率者の人数が少ないことであるとして刑事責任を問おうとしたところに特徴がある。もっとも最終的には、泳げない子どもの傍に指導員がおらず、すぐに助けられる状況になかった点が過失とされた。

　ただ、本来的な引率者の責任は、天候不順で行えなかった初日・二日目の行事を最終日にまとめて行ったことにあろう。天候不順でできなかった行事は仕方がないとして、子どもたちに諦めさせなければいけなかった。本件では、それを怠って海水浴と釣りを並行して行うという活動計画上の無理が、子どもたちへの監督の目が行き届かなくなる原因となり、結果的に死亡事故を招来したのである。

　その意味で、この事件も、雨天でできなかった行事を中止する決断を怠って、最終日に予定を詰め込んだことによる活動計画上の無理が引き起こした事故といえる。

(2)　卒業記念写真バク転転落事件（〜悪い予感を払拭しない）

　放課後に立入禁止となっている校舎の屋上で、親しい友人たちと個人的に卒業アルバムの写真を撮影するため生徒らが屋上に設けられていた二重のフェンスを乗り越え侵入し、教諭に口頭で注意されたにもかかわらず屋上に残り（9名いたうちの2名は、注意を受け入れて降りている。）、着ぐるみを着用しバク転等の行動をしながら互いの写真撮影をしていたところ、そのバク転をしていた様子を撮影していた4名の生徒のうちの1名が屋上から11メートル下のコンクリート通路に誤って転落して死亡したという事案である（東京地裁平成2年6月25日判決判時1366号72頁、判タ739号189頁）。

　本件について裁判所は、本件事故発生の5年ほど前にも生徒の屋上からの転落事故が発生していたにもかかわらず、屋上は施錠されておらず、生徒が乗り越えられる程度のフェンスの設置しかされていなかったことや、教諭の指導も屋上に侵入した生徒に対して黙認または軽い注意で済ませていたことを考慮して、学校側は屋上の施錠・フェンスをさらに高くし、教諭は生徒らに対し日常的に注意・指導を行うべきだったとの判断を示した。そして、学校側の設備の管理不十分と

教師の生徒に対する指導の不十分を理由に、学校側の損害賠償責任を認めた（ただし、7割の過失相殺）。

　この事件について、裁判所の指摘もそのとおりであるが、そもそも、屋上のフェンス外で、視野の狭い着ぐるみを着たままでバク転をしたり、写真撮影をすることの危険性が子どもの身にしみていないということ自体が恐ろしいことである。

　また教員としては、一人は写真撮影をしているのに気がついたが素通りし、もう一人は、フラッシュの閃光で気付いたが、口頭での注意をしてすぐに立ち去っている。「まあ大丈夫だろう。」と悪い予感を自ら払拭せず、危険を感じたら速やかに対処しておけば、死亡事故は起きなかったはずである。着ぐるみを着て屋上にいるような生徒を複数見つけたら、速やかに屋上から降りさせるべきであったろう。

働き方改革の前に……

【その㉕】　様々な業界で働き方改革が必要と叫ばれる。多くは労働時間の短縮である。しかし、医師の働き方改革をすれば、治療を受けられない患者が出てくるのであり、人の命にかかわる問題を生じるおそれがある。そうならないようにするには、時短をさせる前に、医師の仕事を減らすか、医師が休めるだけの人手を増やすことが必要である。

　学校現場も同じである。それこそ学校で教えなければならないことは増える一方なのに、時短が求められている。そうすると時間当たりでやらなければならないことが増えるか、隠れ残業が増えることになる。これでは、周囲から頼りにされて業務が集中しがちな先生はどんどん苦しくなり、そうでない先生は拘束時間が減って元気いっぱいである。これでは何のための改革か分からない。

　民間企業であれば、働き方改革の前に業務改革（効率化）をするところである。文科省に業務改革のリーダーシップを期待するのは難しいであろうか

```
　……。
```

(3)　サッカー落雷事件（〜最悪を想定し、活動の中止を恐れない）

　あるサッカー大会で試合の途中に選手が落雷に遭い、重度障害が残った生徒が当時在学していた私立高校と引率の教員に損害賠償請求を求めた事案で、裁判所は、総額３億円余りの損害賠償責任を認めた。この事案では、引率教諭が生徒を避難させ、試合開始の延期を申し入れていれば、事故を避けることができたとしている（最高裁平成18年３月13日判決集民219号703頁、判タ1208号85頁、判時1929号41頁、高松高裁差戻審平成20年９月17日判タ1280号72頁、判時2029号42頁）。

　この判例は非常に多くの問題を含むのであるが、一番の問題は、雷がサッカーの試合に参加している生徒に落ちるという事態を回避しなかった責任を引率の教員に認めたことであろう（ちなみに、このときの引率の教員は、サッカー部の顧問ではなく、代行の教員であった。）。

　試合中の出来事について、試合の開始を宣言した主審ではなく、引率の教員に責任を問うのは酷であり、学校活動における事故＝学校の責任という構図が色濃く出た裁判である。

　もっとも、引率の教員の責任を問うたのは誤りであるとしても、やはり試合の中止は大人が決断をすべき事柄であったことは間違いない。結果の重大性を考えれば、中止の決断を怠った大人の責任は重いと言わざるを得ない。

　なお、本件サッカー大会は、ナイター設備がない上に、予備日も設けていなかったことも問題であった。結果としてこのことが、雷鳴が聞こえる中での試合開始につながったといえよう。

　この事件をきっかけに、サッカー活動中の落雷事故防止対策についての指針が（公財）日本サッカー協会より示されているので、参考にされたい。基本姿勢として、雷鳴が聞こえたら活動を中断し、避難を

させるというのが一つの目安となろう。

　いずれにしても、最悪の結果を想定して、活動を中止することを恐れてはいけないという教訓として、忘れてはならない事件であろう。

日サ協発第060015号
2006年4月11日

サッカー活動中の落雷事故の防止対策についての指針

1．［基本的指針］
　　全てのサッカー関係者は、屋外でのサッカー活動中（試合だけでなくトレーニングも含む）に落雷の予兆があった場合は、速やかに活動を中止し、危険性がなくなると判断されるまで安全な場所に避難するなど、選手の安全確保を最優先事項として常に留意する。特にユース年代〜キッズ年代の活動に際しては、自らの判断により活動を中止することが難しい年代であることを配慮しなければならない。
　　※　全てのサッカー関係者とは主として指導者（部活動の顧問含む）、審判員、運営関係者などであるが、下記にある通り放送局やスポンサー他、選手も含めて広義に解釈するものである。

2．基本的指針の実行のために、下記の事項について事前に良く調べ、また決定を行ったうえで活動を行うものとする。
　①　当日の天気予報（特に大雨や雷雲などについて）
　②　避難場所の確認
　③　活動中止を決定権限を持つ者の特定、中止決定の際の連絡フローの決定
　　※　サッカー競技規則上では「試合の中止は審判員の判断によること」となっているが、審判員が雷鳴に気づかない、審判員と他関係者との関係で必ずしも中止権限を審判員が持てないケース（例えばユース審判員：これに限らない）などもあり、このような場合は中止を決定する／または審判員に中止勧告を行う人間をあらかじめ明らかにしておくこと。
　　※　トレーニングやトレセン活動なども活動中止決定者を事前に決めてから活動をはじめるものとする。

　　※　中止決定者が近くにいない状況で現象が発生した時は、その場に
　　　　いる関係者が速やかに中止を決定できることにしておく事。

3．大会当日のプログラムを決める際はあらかじめ余裕を持ったスケジュー
　ルを組み、少しでも危険性のある場合は躊躇なく活動を中止すること。
　大会スケジュールが詰まっていたり、テレビ放送のある試合などでも、
　本指針は優先される。従って事前に関係者（放送局、スポンサー含む）
　の間において、選手・観客・運営関係者等の安全確保が優先され、中止
　決定者の判断は何よりも優先されることを確認しておくこと。

4．避雷針の有無（避雷針があるからと言って安全が保障される事はない
　が、リスクは減る）や避難場所からの距離、活動場所の形状（例：スタ
　ジアム、河川敷 G、等）によって活動中止の判断時期は異なるが、特に
　周囲に何もない状況下においては少しでも落雷の予兆があった場合は速
　やかに活動中止の判断を行うこと。

以上

添付：〈落雷の予兆〉に関する参考資料

〈落雷の予兆〉に関する参考資料

　　文献『雷から身を守るには―安全対策Q&A―改訂版』（日本大気電気学会
編、平成13年発行）には、落雷被害を避けるための予知方法について次の
ように記述されている。以下抜粋して掲載する。

　「どのような方法でも発生・接近の正確な予測は困難ですから、早めに安
全な場所（建物、自動車、バス、電車などの内部。）へ避難することです。
　モクモクと発達した一群の入道雲は落雷の危険信号です。厚い黒雲が頭上
に広がったら、雷雲がさらに近づいたと考えて下さい。雷雲が近づくとき
は、多くの場合は突風が吹くとともに気温が下がり、やがて激しい雨になり
ます。しかし、突風や降雨より落雷が先に起こることがありますので、早め
の避難が大切です。」
　「雷鳴はかすかでも危険信号です。雷鳴が聞こえるときは、その後の雷が
自分に落ちてくる危険がありますから、すぐに安全な場所に避難して下さ
い。雷鳴が聞こえなくて雨も降っていないときに、突然落雷が発生する場合
もありますので、雷鳴だけで雷の発生や接近を判断するのは危険です。

　もっと遠いところの雷の発生は、ラジオで中波や短波のAM放送を受信していると、ガリッガリッという雑音が入ることにより、検知できます。雑音の間隔が短くなり、激しく連続的になるときは、雷がさらに接近してくるときです。このときはラジオの雑音だけでなく、雷鳴にも注意して下さい。雷鳴が聞こえてくれば、雷雲はすでに危険な範囲に入っています。」

　「雷雲が遠ざかって雷鳴が聞こえなくなっても、20分くらいはまだその雷雲から落雷の危険がありますから、安全な場所で待機することが必要です。また、一つの雷雲が去っても、次の雷雲が近づいてくる場合がありますので、新しい雷雲の接近に常に注意することが必要です。」

　「自動車、バス、列車、鉄筋コンクリート建築の内部は安全です。」「本格的な木造建築の内部も普通の落雷に対しては安全です。しかし、テントやトタン屋根の仮小屋の中は、屋外と同様に雷の被害を受ける危険があります。」

　「絶えず雷鳴に注意し、空模様を見守ります。雷鳴がきこえたり雷雲が近づく様子があるときは、直ちに近くの建物、自動車、バスの中に入り、安全な空間に避難します。雷鳴は、遠くかすかに聞こえる場合でも、自分に落雷する危険信号と考えて、直ちに避難して下さい。雷活動が止んで20分以上経過してから、屋外に出ます。
　屋根のない観客席も危険ですから、安全な場所に避難します。」　　　以上

第5　学校の安全配慮義務

1　学校の危機管理と安全配慮義務

　これまで、学校の危機管理の手法について述べてきた。これらは学校が法的責任を追及されないために準備すべき事項として指摘してきたものであるが、これを生徒の側から見れば、学校が法的に負う安全

配慮義務[4] を尽くしてくれているかどうかという問題に置き換わる。学校のリスク管理は、学校活動をする上で、生徒の安全に配慮して、すべきことをきちんと行ったかにかかるのである。

　そこで内容としては重複する部分もあるが、学校の安全配慮義務の観点から議論をしてみたい。

2 安全配慮のポイント

(1)　活動場所に関する問題

　学校活動を行うに当たって、その活動場所は、おおむね学校側で指示ないし指定する。そして、学校が活動場所を指定する以上は、生徒の側で当該活動場所にある危険を回避する方法はないのであるから、学校側で、当該活動場所の危険を予め除去する義務が生じる。

　例えば、スキー合宿などでは、雪崩の危険について、予め現地の人に確認することが必要となろう。

　また、体育館のような日常的に使う場所においてであれば、危険除去は、単に危険が存在することを生徒に告知して注意を促すだけでは不十分である。除去可能な危険は予め除去しなければならない。危険除去が速やかに行えないような場合、例えば、体育館の床が一部腐っているものの修理の手配に数日かかるような場合には、「そこは板が

---

4)　学校設置者が、教職員・児童生徒に対して安全配慮義務を負うことについては争いがないが、児童生徒との関係で、どのような安全配慮義務を負うのかについては、まだ研究途上のように思われる。
　おそらくではあるが、事故当時の状況で教職員にどのような注意義務があったかという義務者の目線ではなく、児童生徒の事故をどの段階で誰が防ぐことができたかという事後的な目線で語られることが多いからと思われる。
　参考事例（本書110頁）やサッカー落雷事件（本書137頁）、（コラム）「学校のホウキはチャンバラ用？」（本書145頁）などに、そのような傾向を感じる。

腐っているから近づくな」というだけでは不十分であり、進入防止の措置まで講じる必要がある。

　このほか、事例としてあるのは、グラウンドのフェンスが低いため、ホームランやファウルボールが近隣住民や通行人に危害を及ぼす可能性があるという場合で、この場合には、学校側は、フェンスを高くして事故を防止するか、野球の練習に使用させないとすることが必要となる。

コラム

【その㉖】

時と場所

　　学校事故で学校の責任を考える上で、時間的要素は一番最初に確認する。始業前や放課後などは、先生に児童生徒の監督が及びにくいからである。ただ始業前や放課後であっても、学校設備が原因の事故であれば、学校設置者や管理職の責任が問題となる。

　時間に目が行き、児童生徒の活動場所（学校設備）の安全性の問題であることが見過ごされたと思われる事例として、最高裁平成27年4月9日判決（民集69巻3号455頁、判時2261号145頁、判タ1415号69頁）がある。

　この事件は、放課後校庭でサッカーをしていた児童の蹴ったボールがゴールを外れて校外に出て事故につながった事例である。ボールを蹴った児童の監督責任の問題として審理・判断されているが、施設の安全性に関する安全配慮義務違反の問題（サッカーゴールの約10メートル後ろに、1.2メートルのネットフェンスしかないのが問題）とされていれば、全く異なる訴訟経過・結論であったと思われる。

　学校の危機管理も、時間帯の問題と、場所の問題は別に考えなければいけない。

(2)　使用する道具に関する問題

　学校活動上の危険は、その活動場所からだけでなく、その活動で使用する道具からも生じる。

　剣道の授業などを想像するとよいのであるが、壊れかけた竹刀で練習をさせれば、その用具の破損により思わぬけがなどを生じる可能性がある。そこで、指導に当たる教員は日頃から用具の点検をしたり、生徒に点検をするよう指導しなければならない。

　自らが使用する道具の安全性を確認することは教員による指導以前の常識のようにも思われるが、生徒に対しては、大人から見れば常識的であることについても、きちんと指導する必要がある。この場合では、点検をするように生徒に指導するだけでなく、生徒に点検の仕方や点検をしなかった場合のリスクについての指導もしていたかが問われる。

　そのほか、道具を使わせる場合に、その道具の使い方を正しく説明したかも問われる。理科の実験などでは、アルコールランプや薬品の使い方のほか、事故時の応急処置の方法なども、その説明義務の対象となろう（説明をしない場合は、事故時の応急処置を速やかに教員が対処し得る環境・状況が必要である。）。

火気厳禁だけど……

【その㉗】　令和5年5月に、福岡県の専門学校で、学校行事としてバーベキューをしていたところ、コンロの火が弱くなったので、教員が手指消毒用のアルコールを噴霧したところ、火が生徒に燃え移り生徒4人が死傷するという痛ましい事件が起きた。

　手指消毒用のアルコールを火の近くで噴霧すると爆発的に炎が広がるということを筆者は知らず、それが一般的な知見であったかどうかも定かでない。

　ただ、生徒のいる方向にアルコールを噴霧したことには過失があるように思う。

　コロナ禍以降は、どこにでもアルコールがあり、常に持ち歩いている人もいる。火気厳禁といいつつ、調理室（家庭科室）や理科室のように火を使う

場所の近くにも手指消毒用のアルコールがある可能性があり、各教室の特性に応じた注意をしてほしい。

⑶　人（生徒）に関する問題

　場所・用具の安全が確認されても、それはあくまで、そこで活動する「人」の安全確保が目的である。

　そこで、教員の側が生徒の様子に合わせて活動内容について段階的にプログラムを設定し（スポーツでいえば準備運動・競技練習・整理運動など）、また生徒のレベルに応じた技術の難易度、実施時間の長短、審判の仕方などの状況の設定が必要になる。

　もちろん、活動に参加する生徒の健康状態や精神状態を教員が把握し、当日の活動に耐え得る状態かについて適切にアドバイスをする必要がある。子どもは、自分の限界点をきちんと自覚できていないことに配慮しなければならない。特に県大会、全国大会など、大きな大会のレギュラーの座がかかっているような場合には、子どもの自己申告に頼らず、指導員の判断が重要になる。

　なお、生徒のコンディションの問題でいえば、アレルギーや疾患を抱えている生徒の扱いが問題となる。その場合、学校の側で、事前に申告を求めている場合が多いと思われるが、それでは上がってくる情報が不十分な場合がある。当該アレルギーと学校活動の関連性が薄いと思われる場合は、そういった事態を生じやすい。その場合、申告をしなかった保護者が悪いと考えることもできようが、学校活動を十分に把握していない保護者の判断であるから、そこに全責任を負わせることもできない。学校活動と関係ないと勝手に判断して報告をしなかった保護者の側に責任があるといえるほどに、学校側も、保護者に活動内容を伝える、そういった情報提供が必要である。

「学校のホウキはチャンバラ用？」

少し長いが引用する。

「確かに、本件ほうきは、本来の用法である清掃活動に用いられる限りにおいては、たとえ先端部分が半分欠け、また、柄と先端部分とを結ぶねじが緩んでいるなどしたとしても、生徒等に危害が生ずるおそれは乏しかったといえるが、それが置かれていた場所は中学校であり、その使い手は危険についての判断能力の面で未熟さが残る中学二年生であって、未だ子供ぽさが抜け切れず、ふざけたり、物事に熱中して前後の見境がなく軽率な行動に出ることも多い年頃の者であったこと、それが使用されるのは教員の目が必ずしも行き届かない清掃の時間であったこと、清掃の時間は、前記のとおり、毎日あったものであるから、本件ほうきは生徒等にとって毎日手に触れる極めて身近なものであったこと、担任教諭は本件事故の数箇月前に既に清掃中自在ほうきを用いてホッケー遊びがされている事実を知っていたこと等を考えると、営造物である自在ほうきの設置管理者において、自在ほうきが清掃に使用されるだけでなく、毎日の清掃の過程で生徒がふざけ合ってときには振り回されたり、乱暴に投げ出されたり、あるいは本件のように教員の目を盗んで清掃以外の遊びに使われ、振り回されるなどしてそこに相当の衝撃が加えられることがあることも充分予測できたというべきである。したがって、本件ほうきが通常有すべき安全性を判断するに当たっては、このように自在ほうきが振り回されるなどしてそこに相当の衝撃が加えられることがあることも考慮に入れたうえで、そのような使用法がされたとしても安全性が具備されているか否かを判断すべきであるというべきである。」（東京高裁平成5年8月31日判決判夕848号139頁）

その場の状況が容易に想像できるからか、違和感なく読めそうな判決内容である。

しかし、自在ほうきが、清掃以外の用法で用いられることを想定しろというのも酷な話である。「ほうきでホッケーをするな。」と指導しているのに、ほうきがホッケーに耐えられなければならないというのは矛盾である。このほうきのメーカーに、「ホッケーのスティック代わりに使っても大丈夫ですか？」と聞けば、「ダメです。」という返事が来るに違いない。

新品のほうきでさえ、ホッケーを行うに足る安全性が保証されていないの

に、この判決に従えば、やんちゃな生徒のいる学校では、ほうきがホッケーなりチャンバラなりに使われることを想定して補強しなければいけなくなりそうである。

　もっとも、この判決もそのようなことが言いたかったわけではなく、裁判所も、当事者の主張に拘束されるのでやむを得ないところである。

　道具に関する学校の安全配慮義務という観点から求められるのは、本来の用法である清掃の道具として安全に使えることである。今回のように、本来の用法以外に使った悪ふざけから生じる危険は、道具の安全性の問題ではなく、道具の使い方に関する生徒への指導の問題である。

　教員がその場にいる場合は、ほうきを本来の用法以外に使うことに対する注意・指導することが必要であり、その場にいない場合は、ホッケー遊びがされていることを踏まえた必要な指導をしたかどうかの問題である。指導の程度については、口頭による指導で大丈夫な場合と、見回りが必要な場合、教員が張り付いていないとダメな場合があると思うが、それは抽象的に判断できることではなく、各学校、学年、学級の状況次第である。

　いずれにしても、学校のホウキに、ホッケー可や、チャンバラ可の認定証は必要ないと思うのであるが……。

(4)　活動計画に関する問題

　場所・道具・人について、教職員の側が十分に配慮したとしても、事件は突発的に起こる。子どもは、とにかく思わぬことをするからである。そういった事態に対処するには、最低限、現地での時間的余裕が必要になる。

　そこで、教職員がトラブルに対処し得るだけの十分な時間的余裕をもった活動計画を立ててほしい。

　これに対して、イベントでは、できるだけ多くのことをやらせたいというのも、教職員の思うところであり、つい時間いっぱいのスケジュールを立てたくなる。しかし、生徒のための良い経験の場となるはずであっても、事故があっては何の意味もない。事故のあった悪い思い出の地とするより、生徒にやり残しがあって、自分でもう一回来

たいと思わせる方が、はるかに教育効果が高いであろう。

　やり残しがあるくらいが丁度いいと思って、常に突発的な事態に対処し得る時間的余裕を残してほしい。

(5)　活動内容に関する問題

　活動内容は、参加者の年齢、スポーツであれば技量その他の経験、判断力、体力などを考慮して無理のないものにしておく必要がある。

　行事によっては、レベル分けが可能であれば、それをした方が良い場合もあろう。ただ、それには教員・引率者を多数手配しなければならないため、そのような対応が難しい場合もある。その場合には、ついていけない者へのフォローと、先を行きすぎる者を押さえる役割を引率者がきちんと果たせるかが問題となる。

　また、スポーツでは、それぞれの種目の特殊性も考慮して活動内容を決めていく必要がある。例えば、体力の限界を超えないようにするには、選手の動きや表情を見ることが大事であるが、剣道やフェンシングのように、防具で顔がよく見えないような場合もある。その際は、倒れてはじめて分かるというのでは困るのであり、練習計画の段階で適度の水分補給や休憩を織り込んでおく必要がある。

　その他、格闘技や身体接触を伴うスポーツを行う場合には、対戦者との技量の格差を考えて体力・技術に劣る側の子どもが必要以上のリスクにさらされていないかを考える必要がある。

コラム

【その㉙】

みんなで育む……はずですよね。

　　子どもを育てるのは、親だけでなく、兄弟、友人、近所のおじさんおばさん、商店街のお店の人たちの目があってのこと。それは今も昔も変わらない。まっすぐ育てるにも、間違えを起こした子が立

し直すにも、そういった人的・社会的資源は重要である。そして、そういった目の一つに、学校が位置づけられていたはずである。そして、保護者、学校、地域が協力して大勢の子どもを社会に送り出してきた。

　ところが、最近は風向きが違う。学校と保護者が協力して子どもと向き合うのではなく、学校に対して子どもの要求を通すのを保護者が後押しする。時には祖父母の援護射撃付きで。地域も所によっては冷たい。子どもの通学風景を見て、うるさい・うっとうしい・邪魔だと学校にいう。自分も昔は子どもだったくせにと言いたいのだが、そうもいかない。

　しかし、家族・学校・地域で子どもを育てる必要性が変わったとは思えない。どうしてそうなったのかは分からないが、いつのまにか、子育ての責任を学校だけが負っているかのような言い分のクレームを聞く。「人一人育てるのにも、大勢の協力が要る。」もしかしたら、その認識が失われているのだろうか。どんな職であっても、人一人育てるのは大変であることを、皆実感しているはずなのに。

3　部活動の練習と顧問の立会い

　生徒への安全配慮を考えれば、部活動などにおいて、顧問の先生の立会いは必須のように思われる。しかし、学校活動において生徒が自主的に活動することは好ましいことであり、顧問の先生の立会いがなければ活動してはならないとすることには問題がある。

　ただ、学校活動である以上、何らかの問題が生じれば、学校側の対応が必要となるから、野放しにするわけにもいかない。そこで、部活動の練習に当たって、顧問の先生の立会いができない場合は、事故を予防し、万が一事故が起きたときにすぐに対応できるよう、①予め活動内容を顧問に対して報告させ、②その活動内容に問題がないことを顧問が確認し、③万が一事故が発生した場合でも、顧問ないし他の大人と連絡を取り合い、速やかに対処ができるようにすべきである。その限りにおいては、顧問の立会いなしに部活動を行うことも問題なか

ろう。

なお、③についてであるが、事故時に大人と電話連絡がつながればよいのかという問題がある。

これは、事故の報告を生徒の電話口での返答を信頼して済ませてよいかという問題につながる。生徒（子ども）の判断が適切かどうかは場合によりけりであるし、大ごとにしたくないという気持ちから、事故の内容を過小に報告してくる可能性もある。したがって、事故の深刻度について疑問がある場合に、顧問もしくは保護者が現地に行ける体制を作っておくことが好ましい。

4 安全配慮義務違反の責任とその免責

(1) 安全配慮義務を負う主体の範囲

学校の教職員が安全配慮義務を負うのは当然であるが、その担い手は、教職員に限られない。部活動をボランティアで支えているコーチや保護者も同様である。

ここで注意しなければいけないのは、ボランティアであることが責任を軽減する理由にならないということである。物をちょっと預かったという程度であれば、無償契約であることによってその責任が軽減されるような場合もあるが、人に対する安全配慮義務は、ボランティアであることによって軽減されるわけではない。

したがって、関係の保護者等にも重責の一端を担わせていることへの配慮と、保護者等にその責任の自覚を促す必要がある。

繰り返しになるが、遠征・練習試合の際に、保護者に部員の送迎をお願いする場合などがあろうと思うが、そこでは、無償であるがゆえの免責はないということを肝に銘じてほしい。

このことは、事前に、お互いに法的責任を追及しないとの協定をし

ても変わらない。

お仕置きは誰に

【その㉚】　　クラブ活動の中で不祥事があると、大きな大会への参加を自粛するというのは、野球などでよく見られることである。傍で見ていると、問題行動を取った人物と大会不参加によって不利益を被る人物がずれていないか疑問に思う。

クラブ内の出来事だから連帯責任だという考え方なのかもしれない。しかし考えてほしい。法律の世界でも連帯責任はあるが、それには必ず連帯して責任を負う理由・理屈がある。

慣行により……そういった責任の取り方、ペナルティの課し方は、ときには理由のない懲罰となり得るので気をつけてほしい。

第 **6**　事故発生後の対応について

安全配慮義務を尽くしたか否かにかかわらず、一定の確率で事故は起きる。そこで、万が一、事故が発生してしまった場合の対応について、簡単に触れておく。

1 安全の確保（救護と二次災害防止）

まず事故が発生したら、その事故により発生した損害を最小限に抑え、その拡大を防止することが必要である。

具体的には、けが人の手当てと、けがの発生原因の除去（二次災害の防止）が必要である。既に生じてしまった損害は仕方ないとして

も、その後の損害拡大は防がなければならない。

2　事実関係の把握と保全

　事故発生後、速やかに救護義務等を履行した後は、事後対応を決定するために事実関係を確認することが必要である。この事実関係の確認は、事故の再発を防止するためにも不可欠である。

　そして、この事実関係の確認は、当事者以外の第三者（現場にいなかった教員や保護者、警察、裁判所など）が確認できなければ意味がない。そこで、学校側で把握した事実関係の真否を第三者が確認できるようにするため、現場の状況を保全する必要がある。主な方法としては、現場の写真や生徒からの聞き取りの録音・文書化が挙げられる。

　真相の究明は重要であるが、それは第三者が検証できて、初めて実のあるものになるので、できるだけ客観的な証拠を確保することに努めてほしい。これは事後、現場にいた教職員が過大な責任を追及されないためにも、極めて重要な意味をもつ。

　なお、事実関係についての調査は、聞き取りにより確認する場合も多いであろうが、その聞き取りの際にも様々な注意が必要なことは、第2章のいじめの事実関係調査に関する点（第2章80頁以下）で指摘したとおりである。

3　責任の所在の明確化と善後策の検討

　事実関係を把握した後は、その事故について、誰にどのような責任があるのかを明らかにする必要がある。また、同様の事故はもちろん、今後の事故予防のために、どのような体制作りをしていくかも議

論する必要がある。

　事後処理は、保護者等からのクレームが収まった段階で終了としてしまいがちであるが、再発時の責任は、更に重いものになってくる。

　この責任の所在の明確化は、特定の教職員の責任を追及するためではなく、再発防止策の責任者を決め、早々に善後策を検討するためにするものである。

コラム　春の訪れ

【その㉛】

　春の訪れとともに卒業生を送り出し、新しい年度を迎える。多くの人は、晴れやかな気分とたくさんの希望、そしてちょっぴりの不安を抱えながら新年度を迎えるのではなかろうか。

　しかし、新年度も晴れやかな話ばかりではない。PTAの役員決めといった重たい行事が待っている。一年で最も静かな保護者の集まりである。どうにかならないものであろうか。

　思うのは、PTAの楽しみ方はないものだろうかということ。運動会の手伝いを引き受ければ、実は一番間近で子どもの様子を見ることができる。広報を引き受ければ、子どもの写真を撮るときもいつもベストポジション。学校にあれこれやってほしいことがあるなら、自分から中に入った方が提案もしやすい。

　これは勝手な妄想かもしれないが、一年間何をやらなければいけないかだけでなく、その役職の楽しみ方まで提案できると、もう少し保護者会がスムーズにいくのかもしれないと思う。

第7　法的なリスク管理と弁護士の活用

1　弁護士活用のメリット

⑴　相談相手としての弁護士　～第三者的立場からのリスク判断

　学校でのトラブルが発生した場合、本来的には、担任や部活動の顧問の先生たち、いわゆる現場の担当者が、その紛争を円満に解決できればよい。

　しかしながら、紛争の当事者との距離が近いがゆえに、「この辺りで収めてくれるだろう。」という楽観的観測や、自分も不祥事に関与しているという思いから、多少なりとも曖昧なまま収めたいといった不適切あるいは甘い対応に陥る危険がある。

　そういった意味では、ことが大きくなる前に、中間的に現状の再確認をするため、早めに弁護士に相談するとよいと思う。

　もちろん、弁護士に相談する場合、通常、30分で5,000円（＋税）程度の費用が発生するため、むやみやたらと相談するのは、費用対効果で問題がある。しかし、一方で、ことが大きくなってから弁護士に相談するというのも無意味である（いまさらどうしようもないということも少なくない。）。

　このような悩ましい場合には、気軽に相談できる、アクセスの良いスクールロイヤーの存在は大きい。

⑵　代理人としての弁護士　～相手方とのフィルター

　弁護士を代理人として依頼した場合、交渉の窓口は弁護士になる。その結果、相手方との直接交渉や、生に感情をぶつけられるということがなくなり、弁護士が相手方から聞き取ったことを整理して伝えて

くれるだけとなる。

　そういった相手方との間に一枚フィルターを介することによって、今後の対応を落ち着いて考える余裕が出てくるのである。

2 顧問弁護士の活用と問題点

　一般に、私立学校で、相談相手となる弁護士は、その学校法人の顧問弁護士であると思われる。

　しかし、学校法人と契約をしている弁護士であるという立場からは、常に学校現場の味方というわけにはいかない。

　具体的に言えば、学校事故があった場合に、対生徒・保護者との関係では、現場の教職員の味方として動いてくれることになるが、学校側に一定の責任があるという結論に至った場合、その学校法人は、担任その他の現場の教員に対して何らかの懲戒処分を行う可能性があるため、現場の教職員とは対立する立場に立つ。特に、その懲戒処分の当否を争う場合には、当該顧問弁護士は、学校法人の言い分を通す側にあり、担任などの現場の教員とは対立関係に立つ可能性がある。

　そういった点から、事件がある程度大きい場合には、無料法律相談でも何でもよいので、顧問弁護士以外の弁護士に、自分の法的立場の説明と今後の対応に関する意見を求めておく必要があろう。

コラム

【その㉜】

やりたいことがないんですが

　「私、やりたいことがないんです。」就職活動をそろそろ始めなければいけないというときに、たまに学生が言う言葉である。もっとも、入試の面接でもこれを言う学生がいるから、最近の学生は度胸がある。

　いまさらいろいろなことに関心をもてと言われても学生だって困ってしまう。だいたい、もてと言われて好奇心がもてるわけでもないだろう。「何かしら仕事をしなきゃいけないんだろうから、どうせ仕事するなら、何やってお給料もらいたいかね。」「アルバイトはどうやって決めたの？」私はそんなところを入り口に話をするくらいしかできなかったのだが、先生方は、どうやってアドバイスをされているのだろうか。

第8　結　び

　以上、学校の危機管理の手法について私見を交えて述べてきた。

　学校が子どもたちの挑戦の場であり、自分たちの将来を描く場所であるためには、そこで働き、子どもに将来の道を示す教職員がまず学校教育に夢を抱くことができる環境でなければならない。

　疲弊しきった教職員から夢を引き出すなど、子どもに期待すべくもないからである。

　まずは、安心して学校教育に各教職員が携わるために、リスク管理の指針を述べた次第である。

　しかし、これはあくまでも指針であり、学校ごとの個別対応が必要な部分は残される。その意味で、本書をたたき台に、各学校ごとにリスク管理の指針を立てていただければ幸いに思う。

第**4**章

クレーム対応の指針

平成25年2月28日、さいたま地方裁判所熊谷支部で、さいたま市内の公立小学校の女性教諭が、連絡帳などに「最低の教師」などと書き続けた保護者に対し、名誉毀損等を理由とする500万円の損害賠償請求をした事件について、請求を棄却する判決が下された（判時2181号113頁）。[1]

この訴訟提起及び判決内容については、考えるべきことは多々あろうが、自分の担当する生徒の保護者に対して訴訟を提起するということは、クラスの運営はもとより、学校全体の運営に大きな支障を来すことが予想される。それにもかかわらず、訴訟に踏み切らなければならないほど、現場の教員は追い詰められているということが伺える。

このような状況を改善する第一歩として、クレームに対し、どのように対応していくか、その指針を検討していくこととしたい。

---

1) 本判決は、保護者の連絡帳への心ない書き込みが担任と保護者との対立を生んだと思われる事案であるが、そういった信頼関係が壊れた中で、担任が児童の背中を叩いたという出来事が事態を悪化させ、保護者が警察に被害届を出すまでに至っている。教職員のリスク管理とクレーム対応に関する準備の必要性を示す事件である。

第**1**　クレーム対応の基本的視座

1　クレーム対応の重要性

　業界を問わず、消費者の権利意識の普及などから、過大な要求を伴うクレームは増えている。また、その消費者が「権利」を実現するために専門家の協力を得て過剰な要求を突きつける例も増えている。そのため、どの業界も、よほどしっかりとした準備をしておかなければ対応しきれない。実際に、一般の事例で見る限りにおいては、業者が顧客の要望にきちんと対応しないことから大きなクレームに発展している場合が少なくなく、心がけ次第で紛争の回避が可能であった事例も多い。

　もっとも、最近では、単にクレームを言うだけでなく、インターネットを使って騒ぎを大きくすることをほのめかして相手の妥協を引き出すような強迫まがいの手法も用いられている。このように、武器を携えたクレーマーが増える社会状況の中で、クレームに対して上手な対応をするための有効な手段は見いだしがたいのが実情である。

　しかし、有効な手段がないからといって、一部の圧力の強い者に学校が屈していれば、「声の大きな人に弱い学校」「正直者・真面目な人が損をする学校」という印象を周囲に与えかねない。そのような事態に陥れば、学校の信用は落ちる一方である。また、文句を言った者勝ちとなれば、とりあえず文句を言えば何かしてくれるだろうという期待が生徒・保護者間に広がってしまう。そうなれば、その学校は、更なるクレームを呼び込むことになろう。

　我が国の現状として、訴訟社会にまでは至らないものの、俗に言う「イチャモン」は増加しているように思われる。そういった中で学校

活動をめぐる紛争が減少していくことを期待する要素は乏しい。また
インターネット、SNSの普及により、強いクレームが出された際に、
水面下で対応・処理していくことも難しくなっていくであろう。

　学校内での穏便な解決が難しいとなれば、司法手続などを利用して
公的な場における透明性の高い紛争解決を目指すことも、一つの解決
方法である。下手に隠蔽するよりは、社会からの評価も得やすい。

　もっとも、もめ事があるたびに裁判というのも穏やかではない。訴
訟の係属中は、クラスや学校の中でも落ち着かないであろうし、裁判
で勝ち負けをつけることで無用の遺恨を残すことも考えられる。そう
いった点を考慮すると、交渉段階での上手な紛争解決のスキルを身に
つけておきたいところである。

　ただ、クレームの対応には多くの時間がとられるほか、怒りなどの
他人の負の感情に長時間接するため、担当者の精神的負担は非常に大
きい。さらに、対応を誤って紛争・被害が拡大した場合を考えると、
「多少不合理な要求でものんでしまった方がよい。」「できるだけ物事
を穏便に済ませたい。」と担当者が考えるのもやむを得ない。

　そこで、本章では、そのような苦しい現場の状況を踏まえつつ、ク
レームから逃げずに適切に対応していく道を探っていきたい。

コラム【その㉝】　寄付も大変

　コロナ禍で、行事の実施・運営方法が変わるなどして、突発的な支出を経験した学校も多いと思う。そして、その突発的な支出をそのまま各ご家庭から臨時で徴収するというわけにもいかず、PTAの会計などから寄付していただくなどした学校もあろう。

　コロナ禍の臨時・緊急の対応であるから、それが咎められることはないと思うが、通常は、PTAから学校への寄付というのは、意外と注意を払わな

けTHABいけないものである。特に私立学校では、PTAが強制加入になっていることもあり、その場合は一層難しい問題を含む。PTAからの寄付が、PTA会計を迂回した（隠れ）学納金となるおそれがあるからである。

　もちろん、払う保護者にとっては、学校に払うお金が学費かPTA会費かにさほど関心はないので問題となりにくいのだが、学校会計処理の上ではそうはいかない。特に、学納金の額が地方公共団体から支給される補助金の額に影響する場合は、隠れ学納金の問題は、補助金の不正・不適切な受給になるおそれがある。そのため、一層注意を要するのである。

　ただPTAからの寄付も、裏金作り・隠れ学納金を意図してやっているということはなかろう。たまたま、やりやすい方法を採った結果が、危うい処理になっているだけであろうから、費目の見直しなどで問題を生じないようにすることはできるはずである。

　ところが、無自覚な学校が殊更に問題を生じる費目で計上しているのを見かけないわけではない。

　多くの学校は透明性のある会計処理がなされている。あとはその先の課題で、透明性のあるきれいな処理か、透明性のあるヤバい処理かの違いである。後者の場合は、「こうすれば何の問題もないのに。」と何とかしたい気持ちもありつつ、こういった所への提言は、こちらも火傷しかねないので触れにくい。

　とはいえ、学校の事務室の人的資源も限られているから、わざわざ揉めるような会計処理をしている余裕はないし、PTAの寄付が原因で補助金がカットされては、子どものためにやってきたすべてが水の泡である。これを読まれた先生方には、一度、会計処理に問題がないか確認していただきたい。

2　クレーム対応の心構え

⑴　クレームは財産

　クレームに適切に対応していく方法を探るに当たっては、まずクレームの位置づけを考え直す必要がある。

　最近に限らず、多くの企業は、クレームを避けるどころか、積極的に集めている。店舗に「お客様カード」などを備え、クレームを集め

ている。企業がこのようにクレームを集めるのは、その先に商品・サービス改善のヒントがあるからである。クレームを集めない企業は、自社の問題点の洗い出しを行う気のない企業として、消費者から見捨てられかねない。

　飲食店を例に考えてみよう。客は、店に不満があれば、もう二度と行かないだけである。わざわざ不愉快な思いをしてまでクレームを言って出て行く必要はない。そう考えると、二度とお店には来ないとしても、文句を言ってから出て行ってくれるだけで、そのお店にとっては、十分に良い客である。ましてや、文句を言った上でもう一度店に来てくれる客であれば、願ってもない上客である。そして、一度クレームを入れた客がもう一度来てくれたときに、きちんと改善したサービスを示すことができれば、きっとその客は、そのお店のことをもっと好きになるに違いない。このように顧客目線でクレームの趣旨を理解し、できることとできないことをきちんと整理してお客様に対応できるというのは、かなりの優良企業である。

　そして、このような話は、一般企業に限らず、学校の運営にも当てはまるのではないかと思う。学校の運営を改善し、子どもたちにより良い学習環境を作っていくヒントの一つにクレームがある、と考えることも可能ではなかろうか。

　本書でも、クレームに適切に対応していくというのは、クレームから上手に逃げる方法を探るのではなく、クレームを「財産」と考え、上手に向き合う方法を探すという姿勢で検討を進めていきたい。

　そして、この考え方に立てば、学校にとって、クレームがないことが重要なのではなく、学校にクレームが寄せられることを前提に、そのクレームにきちんと対応できる学校であるかどうかが重要な課題となる。

⑵　相手の性格は変えられない

　クレームの対応は、基本的に、話し合いによる解決を目指すことにある。そして、話し合いによる解決の可否は、お互いの言い分を整理し、妥協点を見いだし得るかどうかで決まる。この妥協点を見いだし得るかを考えるに当たっては、学校側でできることとできないことを整理し、さらにできることの中でも、それをすべきかすべきでないかについて、十分、議論をしなければならない。

　しかし、クレーム対応がうまくいかなかった事例を見ると、できること、できないことではなく、相手方に理解してもらおうとしすぎたケースが少なくない。もちろん、学校側の対応を理解してもらおうという姿勢は初期の対応では重要であるが、相手方と理解し合えないことが判明しても、さらに相手に理解させようとすることは、相手方に全面的な妥協を強いるか、いまさら物分かりのよい大人になるよう性格を改善しようとするかのようなものである。そのようなことができるはずがない。

　結局、コントロールできないものを無理にコントロールしようとすると、交渉の進め方に無理がでる。分からず屋に分かってもらおうということ自体、できないことをしようとしているのである。

　相手方の性格は変えられないことを前提に、クレームに取り組むことも必要である。

⑶　一人で上手に対応できるはずがない

　クレームの対応は、相手の不満や怒りを受け止めるところから始まる。そして、人の不満や怒りといった負の感情は、受け止める側に大きな精神的負担をかけるし、時には、その負の感情が伝染する。すなわち、相手の言葉を浴びるだけで、もう冷静さを失っていることが多い。

　まして相手が、自分の納得いく答えが出るまでひたすらに交渉を継続しようと思っているような場合には、受けに回る教職員が、最後に根負けして相手の言うことを受け入れてしまうことも、理解できないことではない。

　しかし、そういった場合、おおむね、周囲から見れば馬鹿な対応をしたと思うのである。ところが、そうはいうものの、馬鹿な対応をするまで帰らせない覚悟でいるクレーマーから解放されるにはその方法しかない。だから、それに応じるのは、人として仕方がないを通り越して当然でさえある。

　だから、周りが手を差し伸べて、担当者の心が折れないよう皆で労苦を分かち合う必要がある。

　クレームは、一人で対応したいのであるが、それがうまくできないことは分かっているのだから、周囲から声をかけて、その孤独から担当の教職員を救ってほしい。そして、教職員が互いに孤独でないことを確認し合って、クレームに向き合ってほしい。

3　クレーム対処方法の模索

　クレーム対応がやっかいなものである理由の1つに、前の経験が活かせるとは限らないということがある。これは、クレームの対処方法が、クレームを言う人の個性によって左右されるからである。つまり、クレーム対処に特定の方法を見いだすことは難しい。

　そういった悩みからか、巷にはクレーム対応に関する文献があふれている。そして、それらの本に書いてある内容は一様でない。クレーム対応の現場では、どのように振る舞うかは相手次第であるから、そうなるのも当然なのだが、その結果、あれこれと文献を読み比べても、情報過多になって頭を悩ませるだけである。

　しかし、翻って考えると文献が多数あるということは、クレームの対処方法に客観的正解・抜本的解決方法がないということでもある。言ってみれば、肩こりやダイエットのように、対処方法はいろいろあるが、抜本的な解決方法・正解はないのである。

　もちろん、正解がないからといって、間違いがないのかというと、そこもまた違う。正解はなくても、間違いや不適切な解答は存在し得る。クレーム対応も、正解はなくとも不適切な対応はある。クレーム対応では、不適切な対応を回避しつつ、その場その場で、より適切と思われる方法を選択していくということが重要である。どう対応すればいいのかよりも、まずは誤った対応をしないための注意点を確認していきたい。

【その㉞】

私はクレーマーではない

　「私は、クレーマーではない。」「私は、モンスターペアレントではない。」学校に乗り込んできた保護者からよく聞くフレーズである。学校側にしてみれば、この一言を聞いても、特に安心するわけではないから、どうでもよい話である。強いて言えば、その台詞を怒鳴らず穏やかに言ってもらえればありがたいというところであろうか。

　学校としては、保護者がモンスターであろうとなかろうと、生徒の直面する問題の解決に向けて努力するだけである。

　ただ注意すべきは、この言葉が保護者から出るということは、保護者から見て、学校が自分を相手にしてくれていないという思いをもっているということである。

　学校側の態度から、保護者をクレーマー扱い、モンスター扱いをしているというように保護者に見えていると、信頼関係に余計な亀裂が走る。自分の仕草・態度に余計なものがないか、反省してみよう。

第2　クレームの初期対応

1　初期対応の難しさ

(1)　状況不明・情報不足の中の対応

　クレームは初期対応が難しい。それは自分が知らない事件や事実関係に基づく責任、それに関する相手方の要望を一方的に話されるからである。クレーム対応に当たって必要な情報が得られていない、もしくは、得られた情報が不正確である可能性がある。そういった中で対応しなければならないところにクレーム対応の難しさがある。これは、クレームの原因に関わった者と、クレームの連絡を受け付けた者が別であることが多いことなどから生じる不可避の事態である。

　このようにクレームの電話を取った者は、事実を確認できないまま、一方当事者側の言い分のみで一方的に責め立てられることになる。そういう状況に追い込まれると、ついその場から逃げたくなって、「分かりました。担当者を謝罪に伺わせます。」と回答して電話を切ってみたくなる。

　しかし同じ事件であっても、一方当事者と他方当事者とでは、よって立つ目線が異なるから、クレームの際に説明を受けた内容＝客観的真実とは限らない。そのため、一方当事者の説明を真に受けた軽率な対応は、後の対応と矛盾する可能性があり、かえって紛争をこじらせる。

　そこで、今受け付けているクレームの内容が、一方当事者の言い分にすぎないことを踏まえて、実際はどうであったのだろうと想像力と機転を利かせて、適切な対応をすることが求められる。

　しかし，人はそれほど器用になれないので，クレーム対応は本当に

難しいのである。

2 事前の心構え～事実関係が不明瞭な中での交渉開始事例

　一方当事者の言い分で軽率に動いてはいけないとはいうものの、事実関係が不明瞭な中で、通常は冷静を装うだけでも精一杯である。想像力と機転を利かせるどころではない。人はそこまで器用に立ち回れないものである。

　そして、その場の判断ではどうにもならない以上、ある程度、どのように対応するかを予め決めておく必要がある。

　そこで事前の心構えと事前準備の2点を確認しておきたい。まず、事前の心構えである。

(1)　クレーム対応は紛争の解決を目的とする

　クレーム対応の目的は紛争解決である。これは言うまでもない…………ことのはずである。

　しかし、クレームの電話を受けてしまった者にとっては紛争の解決どころではなく、「自分の知らないことであれこれ文句を言われても困る。早く電話を切りたい。」というのが正直な気持ちである。そのため、ついつい雑な対応になるのは仕方がない。

　ただ、その雑な対応が、後の事態収拾を困難にしてしまう。

　とにかく、クレームは学校の問題点を浮き彫りにしてくれる貴重な財産であり、その対応は学校の信頼につながるのだと自分を説得して踏みとどまり、紛争解決に向けて頑張りたい。

　そのためには、クレーム対応の目的が紛争解決にあるという当然のことを、改めて確認しておく必要がある。

　もちろん、取り合う必要のない、もしくは取り合ってはいけないク

レームもあろうが、クレームの実質が分からない初期の段階では、丁寧に対応するに越したことはないであろう。

⑵　迅速な対応が必要、スピード勝負の仕事である

　クレーム対応に当たっては、迅速な対応が必要である。

　「遅れた裁判は、裁判の放棄に等しい。」という言葉があるが、同じ紛争解決であれば、対応の早い方が、相手方に満足を与える場合が多い。あまり対応が遅いと、たとえ合理的な提案であっても、「いまさら何だ‼」といってはねのけられてしまう可能性がある。

　嫌な仕事から逃げたいのは山々であるが、素早く対応する方がはるかに利益である。著者自身の自戒を込めて思うところでもあるが、嫌な仕事ほど後に回しがちになるところを、しっかり踏みとどまって迅速に処理していこうという心構えでいたい。

クレームは、雪だるま

【その㉟】

　クレーム対応は難しい。どう対応しようか、どうしたら相手に納得してもらえるのか。考えても、考えても答えが見つからない。

　しかし、答えが見つからないのが当たり前。相手もどうやったら気が済むのか分からないままクレームを入れている。本人でも納得の仕方が分からないのである。

　このような状態になると、学校から提案　→　相手のダメ出し　→　学校側の再提案　→　相手のダメ出し　→　学校の再々提案　→　相手のさらなるダメ出し

　これを繰り返していくと、クレームはどうなるであろうか。通常は、要求の内容がどんどん大きくなる。学校と相手方の間を行ったり来たりしている間に、ゴロゴロ、ゴロゴロ転がって、雪だるまのようにどんどん大きくなる。

　こういったときは、学校に対する要望を書面で提出してください、など相手方に意思決定を委ねた方がよい。学校側が相手の納得する提案を出すのではなく、相手方に要求を出してもらい、それを学校側がのめるかどうかで話を終わりにするのである。学校側で考えることではなく、どうしてほしいのかを考えるのは相手方の宿題である。
　学校は、宿題を出すところ。クレーム対処の場面でも、相手にしっかり宿題を出して、決断してもらうべきである。

3 事前の準備

　事前の心構えの次は、事前準備について考えてみる。

　クレームとしっかり向き合えとはいっても、クレームの電話を取った者にとって、何らの対応の指針もないのであれば、紛争解決に向けて動きようがない。そこで、最低限の事前準備として紛争解決の指針となるよう、①聞き取るべき事項（確認事項）は何か、②回答はどのようにするか（回答の注意点）、③誰が対応の窓口となるのか、の3点くらいを決めておくとよい。

　以下、それぞれについて説明をする。

⑴　確認事項

　初期段階での確認事項は、①事実関係と、②相手方の要求である。

　そして、特に重要なのは「事実関係の確認」である。事実関係が分からなければ、誰にどのような責任があるかも分からないし、その後の対処も決まらない。紛争解決の指針を定めるために、まず事実関係を確認することが重要である。

　①　ここで確認したいのは、相手方がクレームを言おうと思うに至った事実関係である。

　　　この時点では、一方当事者の偏った言い分しか情報がないの

で、真相究明を意図しても仕方ない。それこそ、クレームの原因
は、子どもの都合のよい説明を鵜のみにしただけにすぎない場合
もある。だから、真実とは限らないことを承知の上で、まずは相
手方の認識している事実関係を確認するしかない。相手方の認識
と真実との間に齟齬がなければそれでよいし、齟齬があるとすれ
ば、その齟齬・誤解を解消していくことが紛争解決につながる。

　だから、真実であるか否かを問わず、相手方の認識している事
実を把握することには意味がある。

②　相手方の認識している事実関係がある程度、把握できたら、次
に確認すべきは、相手方の要求である。

　クレームを言う以上、相手方は学校に何らかの対応を求めてい
るはずである。それなのに相手方の要求と無関係に動くと、か
えって相手方の神経を逆なでしてしまう。

　したがって、相手方がどのような事実を前提に、どのような要
求をしてきているのか、これをきちんと確認する必要がある。

　もっとも、相手方自身、クレームを言った時点での要求が確定
していない場合もある。クレームの初期段階では、クレームを
言った側も頭に血が上っていて考えがまとまっていないこともあ
ろう。

　そのようなときに、「結局、どうしてほしいのですか？」など
と聞き返そうものなら、かえって相手方を怒らせかねない。そう
いった場合にも配慮した上で、可能であれば、相手方の要求を確
認しておいてほしい。

　なお、要求事項を確認しようとしても、相手方から、「それく
らい自分で考えろ！」あるいは「学校の誠意ある対応を望みま
す。」というような、その後の展開が見えない回答がくる場合も
ある。このような場合は、過大な要求を突きつけてくる可能性が

あるので、最初にどのような提案をするか、慎重に判断する必要
がある。弁護士関与が必要かどうかを検討すべき、要注意案件と
いえよう。

　以上が、初期の確認事項である。これらは、その後の初動を決める
大事な資料となるので、慎重に対応してほしい。

(2)　回答の注意点

　事実関係を聞き取った後は、相手方からクレームの電話を受けた者
に対して、何らかの回答を求めてくることがある。

　しかし、ここで思ったことを安易に回答するべきではない。相手方
にいらぬ期待や誤解を抱かせ、紛争を拡大させるおそれがあるからで
ある。ここでの回答は、余程慎重に行わなければならない。

　筆者の経験に照らせば、この時点での紛争を拡大させないための具
体的な注意点として、①むやみに非を認めないこと、②謝罪をする場
合は、その謝罪の対象・範囲を明確にすること、そして③中途半端に
意見を言わないことの３点を挙げたい。

　①　まず、むやみに非を認めないこと。

　　　これはなかなか難しいのだが、最初に訳も分からないまま非だ
　　け認めてしまうと、後に別の事実が判明したときにそれまでの態
　　度を大きく覆さなければならなくなってしまう。

　　　しかし、それをした場合には相手方の信頼を大きく損なう。相
　　手方は「一度非を認めておきながら、後で怖くなって、あるいは
　　世間体を気にして態度を翻した。」と感じるであろう。もちろ
　　ん、そのような態度の変更は、傍目にも良くない。

　　　相手方のクレームの勢いに押されて安易に非を認めたがため
　　に、クレーム対処の初期段階から取り返しのつかないこじれた紛
　　争にしてしまう可能性がある。初期段階では、事実の確認が先

で、どちらに非があるかという判断は、後ですべきものである。

②　次に、謝罪をする場合の注意点である。

　むやみに非を認めるべきではない以上、むやみに謝罪をすべきでないことも当然である。しかし、実際のクレーム対処を考えると、クレームの電話をしてきた相手方に、一度も謝罪の言葉を述べずに電話を切るというのは難しい。何らかの形で謝罪の言葉は、口から出るものである。

　その際に注意すべきは、謝罪の対象が何かということである。クレームの初期段階では、事件の真相が分からない以上、謝罪の対象は、起きた事件の中身についてではない。ここでは事実関係が不明なのであるから、事件の中身や法的責任を踏まえての謝罪はできない。この時点での謝罪の対象は、何らかの学校活動を起因として相手方がクレームの電話を入れなければならないような不愉快な状況に陥ったことについてである。すなわち、相手方に対して、学校活動に起因してクレームを入れなければいけないような不愉快な思いをさせたことについて謝罪するのである。事実関係が不明な時点での謝罪は、クレームを言うきっかけとなった原因事実について非を認めるものであってはならない。

　そこで、事実関係が不明瞭な場合には、謝罪をするときに、その謝罪は事実関係についてではないこと、具体的には、相手方に不快な思いをさせたことについてだと理解させる必要がある。そして、相手方に無用な期待を抱かせないために、学校側の具体的な対応は、事実関係を確認した後でなければ、何とも言えないのだということを明確に伝え、これを分かってもらう必要がある。

③　次に、回答について注意しなければならないのは、相手方から当該事件・事故について意見等を求められた場合である。

　クレームの現場では、相手方から、「このようなことが起きて

どう思うのか。」「学校はどう考えているのか。」と、問い詰められる場合は少なくないはずである。

　しかし、ここでも事実関係が不明な時点での対応であるから、相手方の言うことについて、中途半端に意見や感想を述べてはならない。謝罪の場合と同様に、後に事実関係が判明したときに採るべき対応と矛盾することを回避するためである。

　それだけでなく、相手方に求められて意見を言うことは、その意見に沿う沿わないを問わず危険である。

　まず相手方の意見に沿わない意見を述べれば、当然に、相手方の反発を招くであろう。いきなりの開戦は避けるべきことは当然である。

　一方、クレームの相手方の言い分に沿う意見を述べることもリスクがある。後日、学校側が態度を翻すような事態を生じた場合に、「あの先生だけは、自分の考えを分かってくれる。」ということで、クレームを入れた保護者・生徒の側から、協力を求められるおそれがある。少なくとも、その後の電話は、ご指名でかかってくると思ってよい。そればかりか、「学校側でも一部教員が学校（担任）の非を認めている。」といったように、自分の発言を学校攻撃の材料にされるおそれもある。いずれにしても、安易に相手方に同調することは、とても危険なことである。

　結局、相手方の意見に沿おうが沿うまいが、事実関係の分からないうちに述べた意見が紛争解決に役立つわけがなく、意見や感想を述べることは、百害あって一利なしである。

コラム　ルーキーだって

【その㊱】　新年度、新たに教壇に立つことになった先生も多いであろう。不安もあるが、体力・気力・熱意にあふれたスタートを切っているに違いない。しかし、最初に立ちはだかるのは、「こんな若い先生で大丈夫か。」という台詞。

確かに、保護者の方が年上で、子育ての経験もある。いろいろな先生も見比べてきている。そのため、向こうの目線は上からくるので、なかなかに厳しい。しかし、この場面は、どこの業界ででも、誰もが通る道。プロの気概と知らないことは知らないと謙虚に教わる姿勢があれば大丈夫な気がする。プロ野球のルーキー、特にピッチャーなどを見ると、そう思う。マウンドに上がって堂々と投げることと、敵味方問わず謙虚に教わることができれば、十分、胸を張っていろいろなことに対峙していってよいのではないかと思う。

先生の熱意は皆知っている。ルーキーだって、みんなの先生であることにかわりはない。

(3)　窓口の一本化

　以上に述べたように、確認すべきことをきちんと確認し、余計なことを言わずにクレームの電話を切ることができれば、初期対応としては上出来である。

　次は、紛争解決に向けた交渉の着手である。そのためには、交渉の窓口となる者を決めなければならない。この交渉の窓口となる者を決めて窓口を一本化するということは、誰がこのクレームに対応するのか、責任の所在を内外に明示することになる。これは相手方にとっては、学校がクレームに対して取り組みはじめたことを示すものであり、安心感を与える。また、窓口を一本化することで、情報や回答が錯綜しないようにすることもできる。紛争を拡大させないためにも窓口を一本化して議論を整理することが重要である。

ア　誰を対応窓口にするか

　通常はクラス担任や顧問の先生が選ばれることが多いであろう。もともと、クラス内・クラブ内でのトラブルは、クラス担任や顧問の先生の見守る中で、生徒自身に対応させることも必要な経験であろうし、途中で生徒の手に余るようになったところで、クラス担任や顧問が手を差し伸べて解決を図るというのは、当然の流れである。

　ただ、大きな問題などへの対応を考えると、一般的なクレーム対応窓口として、担任や顧問の先生は、あまりふさわしくない。事件もしくは事件の当事者とのつながりが深すぎるからである。

　例えば、クラス内のトラブルでいえば、当事者双方の味方であるから、真相いかんにかかわらず、どちらか一方の肩はもちにくい。学校対生徒・保護者という事案であれば、紛争に至った責任の一端が自分にもあるから、あまり強気な発言もできないし、当事者である分、客観的に物事を見にくいという問題点もある。その結果、いずれの場合も、毅然とした対応・適切な対応がしにくくなる。もちろん、担任や顧問の先生には、クレーム対応に当たって関与・協力はしてもらうのであるが、できればクレーム対応の窓口となる担当者は、別に定めておく方がよい。

　そして、その担当者をはさんで、問題点や議論の中身を交通整理すると良い。

イ　担任・顧問を対応の窓口にしない場合

　この場合、校長を当然の窓口としてはならない。校長は、学校現場の最終責任者であって、紛争の終結時点で関与することは構わないが、解決に至る過程での窓口にはなじまない。

　世にあるクレームで、「社長を出せ。」という常套句に対し、社長を出して対応する企業はあまりない。社長を出せという心境の

背後に、社長であればこちらのクレームが正しいということが分かるであろうという思いがある。そうでない場合であれば、社長さえ説得してしまえば、分からず屋の現場担当者もこちらの言うことを聞くであろうという思惑がある。

いずれにしても、ここで社長を出しては、クレームは収まるどころか、ここを突破すれば自分の言い分がとおるとばかりに、勢いを増すことが多い。そういったことから、校長は学校側の責任者であっても、紛争解決の窓口であってはならないのである。

また、何らかの回答をしなければならない場合、一度、校長が回答してしまうと、その後の修正が難しいという問題もある。やはり、強いカードは、最初に切ってはならず、最後に取っておかなければならない。

もっとも、上記理由は、学校側の都合を考えた上での校長を出さない理由づけであり、クレームの相手方には説明しにくい。

いろいろな理由のつけ方はあろうが、一つの例としては、校長は責任者であり、個別の案件について必ずしも現場の状況を把握しきっているわけではないから、詳しくない者が対応する方が失礼に当たるので、校長は、対応窓口とはならないといった言い方が考えられよう（これに対しては、校長が現場に詳しくなくて務まるのかといった揚げ足とりも考えられるが、担任や学年主任と比較してなので、回答として問題はなかろう。）。

いずれにしても、校長が指揮を執る等は構わないが、クレームの窓口になってしまうことは控えるべきである（現場責任者である校長が対応すべきは、公立では教育委員会、私立では理事会であり、クレーム自体ではなかろうと考える。）。

以上から考えると、クレーム対応に当たって、窓口となるのがふさわしいのは、学年主任の先生あたりとなるのではないかと思われる。

⑷　チ　ムによる対応

　クレーム対応に当たって、窓口となる担当者を定め、責任の所在を明確にする方が好ましいと述べた。しかし、それはクレーム対応を担当者一人に抱え込ませてよいことを意味するものではない。

　クレーム対応の心構えでも述べたが、もともとクレーム対応は、一人で抱えるには重すぎる問題であり、一人で上手に対応できるはずがない。ストレスの多い仕事であるし、よりよい解決を考えれば、傍目八目というように、ちょっと距離を置いた人間の方が、事態をより冷静に、よく見ることができることも多い。

　だから、小さなクレームも学校全体の問題として、チームを組んで対応するべきである。クレームがあった場合に同僚が一緒に対応してくれるというのは、その学校で働く教員にとっても、職場が信頼に足ることを自覚させ、前向きに対応するモチベーションへとつながっていくであろう。

　またクレーム対応には、これといった正解がないため、チームで対応していくことで、担当者も、他人といろいろな知見を交換し、自分の考えを客観的に考え直すことができる。その結果、現実の対応について、多少なりとも自信をもって対応することができるようになろう。

　また相手方から見ても、担当者一個人の問題としてではなく、学校の問題として対応する姿勢を示すことは、少なくとも問題に対して真摯に取り組んでいるということを伝えることができるので、その意味での相手方の信頼も得られるであろう。

　クレームは、担当者一人が対応すべき問題ではない。クレームは学校を改善していくための財産でもあるから、一人の問題とすることなく、学校を挙げて対応することを心がけてほしい。

　以上述べたところが、初期対応を念頭に置いた事前準備の注意点である。これらに当てはまらないケースもあろうが、まずは一般的な対応の準備として、上記の点について、検討しておいていただきたい。

コラム【その㊲】　くれない族とAAA

　コラムのタイトルでは、何のことか分からないかもしれない。「くれない族」とは、「〇〇してくれない。」と不平不満を述べる人たちを指しており、かつての流行語大賞をとった言葉でもある。学校に対するクレームは、生徒・保護者を問わず、くれない族からのものも少なくない。「〇〇してくれない。」ではなく、「〇〇したい。」と言ってくれれば、学校も、生徒や保護者に対する支援や協力のしようもあるように思うが。

　もうひとつのAAAは、「あくしゅ　あいさつ　ありがとう」の頭をとってみた。

　「あくしゅ　あいさつ　ありがとう」は、（公財）日本スポーツ協会のフェアプレイを広げていく活動の一環である。対戦相手、審判、スポーツができる場所を提供してくれた人たち、スポーツをすることを支えてくれた人たちに、感謝と敬意を示す態度を示すことを日常の習慣にしようとしてのことではないかと思う。でも、これはスポーツの場に限ったことであろうか。学びの場、経験の場全ての場に当てはまることのように思う。そして、その感謝と敬意は、その人と社会との関わりに大きく影響するように思う。良い方向に。

　くれない族からAAAへ。そんな指導も必要に思う。

第3 クレームの質・係争の種類に応じた対応 I
～事実関係がある程度明確な場合について

1 事実関係がある程度把握できている場合の注意点

　クレームの連絡を受けた後、事実関係がすぐに確認できたような場合（あるいは既に把握できているような場合）には、その事実を前提とする法的責任の所在の明確化、損害の公平な分担（賠償責任）が問題となる。

　ここでの注意点は、①過大な責任を背負い込まないようにすることと、②責任を小さく見せようとして隠蔽に走らないことである。

　以上に配慮しながら、クレームの対応という観点から、ポイントを整理する。

2 責任がある場合の速やかな謝罪

(1) ミスは明らかにして進め

　事実関係が明らかになり、責任の一端が学校側にあることが判明した場合[2]、確認できた事実を前提に[3]責任の所在を明らかにして、速やかに責任ある者が謝罪し、その後の対応について相手方にきちんと説

---

2) ここでの責任が、法的責任か、道義的責任かについて、きちんと区別をした上での対応が必要である。この点については、「第3章　学校における危機管理」を参考にされたい。
3) 後に新たな事実が判明した場合に備え、学校が責任ありと判断した前提事実は、ある程度明らかにしておいた方がよいことが多い。

明をすべきことは当然である。

　ここで下手に事実を隠蔽して、奥歯に物の挟まったような説明をしながら交渉を進めようとすると、後に隠蔽していた事情が露見した場合、一層言い訳の立たない状況に追い込まれることになる。

　一般に、悪い事情は先に出した方が状況の改善が早いので、非は非として認めた上で、前に進むことを考えるのが重要である。

(2)　謝罪の際の注意点

　事実関係がある程度明らかで、学校側に一定の非があることが判明した以上、学校側として謝罪をすることは当然である。しかし、その際に、謝罪をしすぎるのもよくない。ここでは非がある部分については非を認め、非のない部分についてまで相手方が責任追及をしてきた場合は、その限りにおいては毅然と要求を拒む準備が必要である。

　ここで問題を生じやすいのは、学校側に非があって謝罪すべきことは明らかであるのに、その後の対応が決まっていない場合である。そういった場合に、「できる限りのことはいたします。」とか「御納得のいくまで、きちんと対応させていただきます。」などの自分の責任を無限定にするような不用意な発言をしないようにする。非があるときには腰が引けすぎて、つい出てしまう言葉であるので注意してほしい（こういった点からも、事件の当事者に近い担任や顧問が窓口とならない方が、よいといえる。）。

　「できる限り」などの言葉がなぜ問題なのかというと、相手方は、クレームを言わざるを得ないほどに苛立っているので、何をやっても納得してもらえない可能性があるからである。非があるとき、非は非と認めつつ、非がないところについては非がないという毅然とした対応をすることで責任の範囲が明確になり、紛争が終結に向かうのである。

　自分から無限定に責任を負うかのようなことを口にしては、解決に向かう機運を台なしにしてしまうので注意してほしい。

3　ぶれない対応をするために（中途半端な事実の隠蔽を回避する。）

　事実が明らかになって、あるいは、公にしてないまでも事実を掌握した後に、対応がふらつくと、紛争の解決からどんどん遠ざかる。

　相手方からすると、学校の対応がふらつけば、「あの学校は、その都度言うことが違う。」などと言われ、一つ一つの回答の信用性を失う可能性がある。また、相手方にとって、あまり色よい返事をしていない場合などは、「まだ回答に迷っている。」との誤解を相手方に与える可能性もある。もし相手方がそう思ったのであれば、もう一押しとばかりに、クレームを強めてくるであろう。

　そのような事態を招かないために、事実関係が明らかになった後は、きちんと指針を定め、ぶれない対応をすることが重要である。

　結局、自分の正当性を主張すべきところは主張し、非を認めるべきところは非を認める。そういった対応こそが、相手方にごねても無駄だということを自覚させ、紛争を収束に向かわせるのである。

もっと忙しくてやりきれない

【その㊳】　　学校の先生は本当に忙しい。生徒が学校にいる間は、授業だ、会議だ、保護者との面談だと息つく暇もない。それでいて、教科のプロであり、教育のプロであり、それに加えて部活だ何だと、休みの日までかり出されている。いまでこそコンビニエンスストアは24時間営業だが、もともとはまさにセブンイレブンで7時から23時の営業でさえ画期的だった。しかし、先生は昔から24時間、先生である。

コラム⑳で、「忙しくてやりきれない」という詞を紹介したが、「時間を奪うよ　隙間を埋めるよ　最新テクノロジー」の詞のとおり、最新テクノロジーのおかげで学校を出ても、教員としての職責は、隙間の時間にまで最新テクノロジーとともにつきまとってくる。想像しただけで気を失いそうである。しかし、「忙しくてやりきれない」の冒頭は、こんな詞である。

そう、みんないつでも忙しく、昔の人も昔の人なりに、日々、忙しかったに違いない。

きっと、今も昔も、忙しさを笑い飛ばす体力と気力で日々を乗り越えているに違いない。そんなことを思う。

第4　クレームの質・係争の種類に応じた対応 II
～初期段階で事実関係がつかみきれないままの場合について

1　紛争解決の方向性判断

　前提となる事実関係に争いがある場合、紛争解決の方向性は、おおむね二つに分かれる。

　第一は、事実関係を確定せずに、示談・和解をする方向での交渉であり、第二は、事実関係を確定して責任の所在を明確にする方向での交渉である。

　前者の場合は、落としどころを意識しながら交渉を進めることが大事である。

　後者の場合については、事実関係の調査及び証拠の収集・保全が重要となる。通常、事実関係についてこのような継続的調査が必要となるのは、比較的大きな事件についてクレームを受けた場合であろう。これについては、第2章のいじめの事実関係調査に関する点で述べたとおりである。

2　事実関係の確定を回避もしくは諦めて示談・和解をする 場合

　学校内のトラブル（例えば生徒同士や保護者同士）については、事実関係を詳らかにして一方の責任を追及していくことが良い解決か、悩ましい場合も少なくない。白黒つけた結果、学校内に勝者と敗者を生み、後の気まずい関係を作ったり、あるいは、一方が勝ちすぎたこ

とで負けた方に遺恨が残れば、紛争は解決しないからである。

　結局、紛争解決のコツは、当事者の納得や諦めを引き出すことであり、それには当事者に程ほどの満足と程ほどの不満を残す方がよい場合もある。その意味では、事実を明らかにしすぎたことで、一方が退くに退けないような状況を作ってしまうことは避けるべきであろう（ここは、考え方が分かれるところであるが。）。

　なお、このような場合でも、事実関係は可能な限り押さえておいた方がよい。紛争解決に取り組むスタンスを決める材料になるからである。具体的には、①最終的に出てくる可能性のある事実が、自分に有利あるいは有利である見込みがあれば、万が一、交渉が決裂しても不利はないので、そのことを自覚して強気の勝負ができるし、逆に、②自分に不利あるいは不利な可能性が高ければ、可能な限り、事実関係を確定することなく紛争を終結させる努力をしなければならないからである。

　また、後に和解・示談が難しくなったということで、事実をきっちり認定しなければいけなくなった頃には証拠が散逸してしまっているということでは困る。その意味でも、確保できる証拠は、和解・示談がまとまる可能性とは別に確保する努力はしておく必要があろう。

第5　いわゆるイチャモン対応

1　基本姿勢

　いわゆるイチャモンに対しては、毅然とした対応をすること、それしかない。対応が面倒だからといって、こちらが腰を引いてしまえば、相手方は、それにつけ込んでくるだけである。

　とにかく、ごねようが何をしようが、こちらの結論が変わらないことが相手方にきちんと伝わるまでイチャモンは止まらない。逆に、そのことが伝われば、相手方は、①妥協するか、②自己の主張を通すために法的手段に出るか、③警察に捕まることを覚悟で無謀な行動に出るかのいずれかを選択せざるを得ない。③はせいぜい一回警察から注意を受ければ収まるか、それでもやめなければ、自分に対する刑事処分や損害賠償責任を覚悟しなければいけないから、自分にとっても不利益が大きいので、通常は①②のいずれかを取らざるを得ない。

　そして、①②のうち、②は学校にとっては好ましくないようにも思われるが、いつまでもグジグジ言われて、無意味にストレスを受けながら仕事をするよりも、紛争解決のための土俵設定がなされる分、はるかに対応は楽になるであろう。

2　クレームが常軌を逸した場合（モンスター化）の対応

(1)　できるだけ早いタイミングで弁護士を介在させる

　相手方のクレームが常軌を逸していると感じた場合は、早めに弁護士に相談することを勧める。

　常軌を逸したクレームに対しては学校側も腫れ物に触るようになり、ついつい低姿勢になりがちである。しかし、その低姿勢が相手方のクレームを静めるどころか、かえって自分を客観的に正しいと思わせる原因となる可能性がある。また、モンスター化した相手方のクレームに立ち向かうのも、学校運営に直接の利害関係がある教職員には困難である。

　普段の学校運営に関わらないからこそ、ある程度客観的な基準で話を進めることができるのであり、法律の専門家である弁護士を間に挟むことで、事態を客観的に把握し、相手方の一方的なペースになるこ

とを防ぐことができるようになる。

また、学校側が弁護士を挟むことで、相手方も弁護士に依頼する可能性が高くなる。そうすると、相手方の要求は弁護士を通じて伝えられるようになるため、相手方の過剰な要求を直接に聞く必要がなくなる。言ってみれば、相手方の依頼した弁護士がフィルターとなることで、お互い冷静に協議をする道が開けるのである。

⑵ 相手方がマスコミ・インターネットを利用することをほのめかして脅してきた場合

インターネット、マスコミを利用し始めた場合は、原則として、解決を司法の場に移すことを考えるべきである。

紛争の内容について、相手方がなりふり構わずインターネット上の掲示板、SNSやマスコミなどを使って事態を公にするというのは、学校側にとって非常に大きなプレッシャーである。そのため、事が公になるのを避けるためには相手方の要求をのむのもやむなしと判断するところもあるであろう。

しかし、一度要求をのんでしまうと、相手方は自己の要求の正当性が学校側に伝わったと認識するので、同様の要求を繰り返し突きつけてくる可能性がある。

これに対して、学校側としては、二度も要求には応じられないと反論すれば、前回、非を認めたのに態度を翻したとインターネット上にアップされて終わりである。

また、一度うまくいった学校の攻略法は、すぐ周りに広がる。その結果、他の者も同様の手段を使って学校に要求を突きつけてくるようになる。これでは際限がない。

相手方がインターネットやマスコミを利用しようとするのは、事が公になると学校が困るであろうという腹づもりがあるからである。こ

れに対する学校側の一番の対抗手段は、自ら紛争を公にする覚悟を示すことである。

　そして、裁判所の公正な判断を仰ぐ姿勢を見せることで、紛争に蓋をせずに、誠実に対応している姿を世に示すこともできる。世の企業は、インターネット上の様々な誹謗中傷に耐えて日々企業活動を営んでいる。学校も同様であるべきである。もちろん、誹謗中傷にさらされる教職員としては、たまったものではない。ただ、このときに救いになるのは、そういった誹謗中傷を気にしないでいてくれる同僚や生徒・保護者の存在である。

　インターネットを使った攻撃をやめてもらうより、そのようなことに動じない学校の教職員、生徒、保護者の姿を見せ、そのような攻撃が無意味であることを示すことが、最も効果的な反撃である。

　なお、現実に、「掲示板を立ち上げる。」と言われた場合には、本心はやめてほしいと思うのであるが、精一杯強がった対応をとる必要がある。具体的には、「こちらとしては、それについてどうこう言う立場にありませんが、名誉毀損などの違法行為があった場合には、法的責任を追及させていただきます。」と答えるくらいであろう。ポイントは、「どうぞ」も「やめてください」も言わないことと、違法行為を許すつもりはないということを淡々と伝えることである。

　これに対して、「やめてください。」と言ってしまえば、相手方は、それをやめる代わりの何らかの見返りを要求してくる。学校側としても、要求を一つのんでもらった以上、相手方の要求をのまざるを得ない。そして、そういった弱腰の対応を一度でもすれば、あの学校は強気のクレームに弱いということになり、次の強気なクレーマーを呼び寄せる。結局、事態を一層悪くするのであり、弱腰な対応は絶対に避けるべきである。

(3) クレームの相手方が、実際にインターネットを利用してきた場合

　ア　インターネットに書き込まれた内容が名誉毀損などの違法行為
　　と評価できる場合

　　　インターネットやマスコミを通じて事実を歪曲して公表した場
　　合には、毅然とした法的対応が必要である。

　　　違法行為をやめてもらうために頭を下げたり、金銭の支払を約
　　束することは、反社会的行為に屈したこととなるので、そのよう
　　な事態が露見した場合は、教育現場としての信用までも失墜す
　　る。

　　　インターネット、マスコミを通じた違法行為に対しては、民事
　　保全法上の仮処分などの裁判手続を通じて、これを中止させるほ
　　か（掲載禁止の仮処分）、不法行為として損害賠償請求を追及し
　　ていくことで対応することができる。

　　　これらに対応するには弁護士の援助が必要であるから、学校側
　　から見れば大きな負担であろうが、第三者から見れば、違法行為
　　に及ぶということは自らの主張に理由がないことを示すようなも
　　ので、学校側にとっては反撃の好機と考えて逃げずに対応しても
　　よいように思う。

　イ　インターネットに書き込まれた内容が、決して真実ではないも
　　のの不法行為を構成するとも評価しにくい場合

　　　この場合、特に重要なのは、学校内部で動揺しないことであ
　　る。こういった事案で、一番辛いのは、そのインターネット上の
　　掲示板等で批判にさらされた教職員である。その教職員を救うに
　　は、全教職員・保護者・生徒が、その掲示板等に記載された内容
　　を一笑に付すしかない。逆に、最悪な対応は、上司である教員
　　が、「あの掲示板、何とかならないのか。」といって、味方である
　　はずの学校が被害者である教職員を背中から撃つことである。こ

のようなことは決してあってはならない。

　念のため、そのような場合の対応の指針を示しておく。

ⅰ　全教職員に、当該掲示板などの存在を周知徹底し、その中身を確認させる（問い合わせがあったときに動じているようでは困る。）。

ⅱ　当該掲示板について、一般の方、生徒、保護者から問い合わせがあった場合の回答を全教職員の間で統一する。

　例えば、「そのような掲示板の存在は存じ上げておりますが、事実関係を調査したところ、掲示板を作成された方の認識と事実とは異なるようですので、特に学校内では、そこに書かれている事柄についての対応は必要ないと考えております。現在、弁護士とも相談して、掲示板の削除を求めて裁判を起こすかどうか検討しているようです。」と答えるなどが良いであろう。

　ここでのポイントは、どの教職員に聞いても、情報の共有・見解の共有ができていることであり、事態を知った上で無視してよい軽微な問題であるという学校側の認識を対外的に堂々と示すことである。

　結論として、全教職員が、状況を知りつつ、動じない姿勢を示すことで、インターネットを利用した誹謗中傷が無意味となるのである。

コラム

【その㊉】

法律的な思考〜入学式欠席事件を素材に

　　学校の担任の先生が、その勤務する学校の入学式を、自分の子どもの入学式に出席することを理由に欠席をしたことが、議論を巻き起こした。結論はさておき、議論の立て方がうまくない。ご参考までに。

　まず、第一段階は、①担任は、入学式を欠席してはならない（入学式欠席の禁止）、②担任といえども、自身の子どもの入学式には出席しなければならない（入学式欠席の義務）、③どちらでもない、のいずれかである。ここではどのような義務づけがなされているかが問題となる。

　おそらく、③であろうから、議論は第二段階へと進む。ここでは(i)担任は、自分の子の入学式よりも、勤務する学校の入学式を優先した方がよい、(ii)担任といえども、自分の子の入学式には出席した方がよいので勤務する学校の入学式は欠席した方がよい、(iii)どちらともいえない、の三つに分かれる。つまり、いずれが好ましいかというレベルでの議論になる。そしてここでは、担任の入学式に出席することの利益不利益を議論することになるが、この部分についても、明確に利益不利益を述べている人は少ないように思う。

　この事案では、それぞれの先生が必要な手続を踏んで欠席した以上、その欠席を批判する側が、具体的にどのような不利益が誰に生じたのかを明らかにして議論すべきである。

　意見は、いろいろとおありかと思うが、①と(i)の考えを明確に区別することが大事である。いろいろな議論の整理の仕方のご参考までに。

第 **6**　クレーム対応における弁護士の活用

1　弁護士活用の視座

　弁護士を活用することは、自分を紛争からある程度切り離すことができるので便利ではある。しかし、弁護士も身は一つであるから、一度にたくさんの仕事を抱えるということができない以上、一件当たりの費用は決して安くない。むやみやたらと相談するのは不経済である。しかしその一方で、活用するとなれば弁護士への相談は早いほどよい。

　したがって、クレーム対応を協議する中で、自分たちだけで対応すべきか、弁護士に相談した方がよいのかといった、紛争が抱えるリスクの大きさも含めて検討をする必要がある。

　中途半端に対応した後に弁護士に相談したのでは、既に紛争を引っ掻き回しすぎていて、解決には手遅れになる可能性がある。弁護士も、それまでの交渉過程を引き継いで紛争に介入するので、当事者本人が進めてきたそれまでの話の流れを無視できないからである。

　なお、学校の顧問弁護士は、学校法人の利益を守ることが最優先となるため、担任・部活の顧問の先生とは利害が対立する可能性があることに注意してほしい。学校法人と教員は、使用者と被用者の関係に立つので、学校の顧問弁護士と協力関係を築けるのは、対生徒・保護者との関係に限定されるのである。

2 弁護士の役割

以下、学校の側で弁護士を活用する際の注意点を述べる[4]。

(1)　依頼者の説得

　弁護士は、相手方の説得を目的に紛争に介入するわけではない。相手方の性格は変えようがないので、そもそも説得が無理である場合も少なくない。それどころか相手方は、学校が相談している弁護士を敵とみなして食ってかかる可能性の方が高い。

　弁護士としては、依頼者の意向、事実関係、手持ちの証拠、相手方の主張、相手方が持っているであろう証拠、そしてそれらを踏まえて裁判になったときの裁判所の判断、その判断を得るまでに掛かる時間と費用、それらを総合考慮して、依頼者に考え得る選択肢を提示するのである。

　そして、一応の選択肢を提示した上で、当該弁護士の知見に基づいて依頼者をより良い解決に向けて導くのである。

　したがって、弁護士にとっては、相手方を説得することより、自分の依頼者に利益をもたらすべく必要な説得をすることの方がはるかに重要なのである。

(2)　紛争の解決

　弁護士は、依頼者を勝たせることを目的に行動しているわけではない。法の理念からいえば、「彼の手に彼のものを」、すなわち勝つべき

---

4)　ここで述べることは、著者の考える法曹像を前提とするものであり、法律家の「正義」をどのように考えるのか、見解の分かれるところである。本文にもあるが、負けるべき者から依頼を受けた弁護士が、どのように振る舞うかは、非常に難しい問題である。

者を勝たせ、負けるべき者には、可能な限りの理解・納得させた上で
負けさせるのが良い弁護士である（というのが筆者の意見である。）。

　もっとも、勝ち負けをつければ、それが法に適ったことであって
も、敗者に遺恨を残す。そして、その遺恨は次の紛争へとつながった
り、学校の悪評となって、後の禍根となりかねない。そこで弁護士と
しては、遺恨を残した勝ちよりも、円満な引き分けもしくはわずかな
勝ちの方が長い目で見てよいと判断する場合もある。本書第2章で述
べたように、学校をめぐる紛争は、もともと継続性が高いので、勝つ
ことよりも、紛争を終わりにする利益の方が大きいと思われる。

⑶　早期に弁護士に対応を依頼する利点

ア　早い段階での窓口の切り替え

　弁護士が紛争に介入した以降は、弁護士が交渉の窓口になって
相手方と話をしてくれる。要は、学校宛に苦情の電話が掛かって
こなくなるのである。その結果、事務・担当教員が延々とクレー
ムを聞かされるという事態から開放される。

　これだけでも、十分大きな利益となろう。

イ　相手方も弁護士を立てる可能性がある

　学校側が弁護士を立てた場合、相手方も、弁護士を立てようと
考えることが少なくない。

　そうすると、「学校」対「感情的になった相手方」という対立
から、「学校が依頼した弁護士」対「感情的になった相手方が依
頼した弁護士」という対立に変わる。双方に弁護士というフィル
ターが入ることで、冷静な話し合いに場を移すことができる可能
性が高い。

ウ　説得責任の転換

　既に述べたとおり、弁護士が説得するのは、紛争の相手方では

なく、自分の依頼者である。感情的になっているため、紛争の相手方弁護士の話は聞かないものの、自分が依頼をして信頼を寄せる弁護士の話は聞くことが多い。

　したがって、相手方説得の負担を、相手方弁護士が負ってくれることになる。

⑷　いわゆるモンスターペアレントへの対応

　上記⑶のメリットを最も享受し得る場面が、いわゆるモンスターペアレントへの対応であろう。

　学校側で毅然と対応し続けることができればよいが、根負けしそうなときは、疲弊しきる前に、弁護士にバトンを引き継ぐ方がよい。既に述べたとおり、弁護士をフィルターとすることで、直接のぶつかり合いをいったん打ち切るべきである。

コラム

【その⑳】

専門家を育てる

　最近は、専門家を大学院で育てようというのが、我が国の試みのようであり、専門職大学院がずいぶんと増えている。しかし、なぜ専門家を大学院で育てなければならないのか、多少なりとも法科大学院教育に関わった者として疑問に思っている。

　そもそも専門性の高いものほど、座学で教えられないものが多い。教科書に書いてない、本に書けないことをこなせるのが「腕前」なのであり、現場で師匠の背中を見て吸収するしかない。おそらくは、現場にいる人やこれから資格を取得する人を大学院に閉じ込めるより、現場で学ぶ仕組み、司法試験でいえば司法修習、学校でいえば教育実習のようなものの方が、専門職大学院に行くよりはるかに価値が高いように思う。もちろん、普段現場で多忙を極めている人に対してであれば、現場から切り離して勉強に専念させるという意味はあるかもしれない。ところが、我が国の専門職大学院は、これから現場に出る人に対する専門家教育であるから、そもそもその職に就けるか

どうか分からないし、その職に就くだけの基礎知識も十分ではない。そんな回り道をさせるより、さっさと現場でもんだ方がよいのではないかと思う。

　もっとも、最近では、現場で人を育てる余裕がなくなっているのかもしれない。現場の知恵が伝承されなければ、専門家は育たない。大学院を作るよりも、現場で人を育てる工夫の方が、はるかに大事なように思うのであるが。

第7　結　び ～よりしっかりとした対応をするために

　以上、クレーム対応をする上での指針を簡単にまとめてみた。

　もちろん、ここに述べたところを実践できれば万全というわけではなく、上記のところも、クレーム対応の一応の目安・参考にすぎない。各学校の方針というものもあろうから、上記を参考に、各学校の対応マニュアルを作成していただければと思う次第である。本稿で述べたいところは、「クレームは財産」であり、逃げずに学校全体で向き合っていければ、学校の信頼向上の糧とさえなり得るものであるということである。

　なお、クレームが学校の財産となっていくには、普段から関係者（仲間・保護者・後援会）との信頼関係を構築し、学校での取り組み、家庭の生活状況などの情報を学校と保護者の間で共有していることが重要と思われる。日常的な意見交換があってこそ、より発展的・建設的な話ができるといえよう。その意味では、本書の第2章でも述べたが、保護者を巻き込んで学校の協力者にしていくことが重要である。

　本章で述べたことは、一つの提案にすぎないのであるが、学校を取り巻く環境が厳しくなる中、クレーム対応といった心に重くのしかかっている問題について解決への道を開き、学校で働く教職員の皆様

が伸び伸びと教育に向かえる環境づくりの一助となれば幸いである。

ブラックですか？……ですけど、だとしても

【その㊶】

　　　教職はブラック。随分聞くようになった。
　　　あちこちでブラックだというので教職希望者が減ってしまい、令和4年度は、公立小学校の教員採用の倍率が過去最低を更新した。地方公共団体によっては、倍率1.5倍を切っているそうである。
　もちろん教職員の労働環境改善は必要であるが、「ブラックだ、ブラックだ。」いうことで人手不足になり、一層ブラックになるか、または教職員が学校に残れないことで、子どもがやりたいことができなくなるかである。「ブラックだ、ブラックだ。」ということで、誰も幸せにならないどころか、裏目に出たような気がする。
　もともと教職は、職種として高級労務であり、医者や弁護士のような位置づけであったから、労働法的な整理は難しい業種である。
　子どもたちが伸び伸び学ぶには、教壇に立つ先生方が伸び伸び教育に当たれなければいけないと思う。先生方の労働環境の改善は必要であろうが、そのことによって先生方の教育が窮屈になってもいけないように思う。「ブラックだ」という前に、「こうすればいいですよ」という先生方の労働環境を改善する前向きな提案が欲しい。
　教職は大変……ですが、ですけど、だとしても、教職でやりたいことがある。そんな夢まで黒く塗りつぶしてしまうことはないような気がする。

参 考 資 料

いじめ防止対策推進法

◎いじめ防止対策推進法◎

（平成25年6月28日法律第71号）

最近改正：令和5年12月20日法律第88号

第1章　総　則

（目的）

第1条　この法律は、いじめが、いじめを受けた児童等の教育を受ける権利を著しく侵害し、その心身の健全な成長及び人格の形成に重大な影響を与えるのみならず、その生命又は身体に重大な危険を生じさせるおそれがあるものであることに鑑み、児童等の尊厳を保持するため、いじめの防止等（いじめの防止、いじめの早期発見及びいじめへの対処をいう。以下同じ。）のための対策に関し、基本理念を定め、国及び地方公共団体等の責務を明らかにし、並びにいじめの防止等のための対策に関する基本的な方針の策定について定めるとともに、いじめの防止等のための対策の基本となる事項を定めることにより、いじめの防止等のための対策を総合的かつ効果的に推進することを目的とする。

（定義）

第2条　この法律において「いじめ」とは、児童等に対して、当該児童等が在籍する学校に在籍している等当該児童等と一定の人的関係にある他の児童等が行う心理的又は物理的な影響を与える行為（インターネットを通じて行われるものを含む。）であって、当該行為の対象となった児童等が心身の苦痛を感じているものをいう。

2　この法律において「学校」とは、学校教育法（昭和22年法律第26号）第1条に規定する小学校、中学校、義務教育学校、高等学校、中等教育学校及び特別支援学校（幼稚部を除く。）をいう。

3　この法律において「児童等」とは、学校に在籍する児童又は生徒をいう。

4　この法律において「保護者」とは、親権を行う者（親権を行う者のないときは、未成年後見人）をいう。

（基本理念）

第3条　いじめの防止等のための対策は、いじめが全ての児童等に関係する問題

であることに鑑み、児童等が安心して学習その他の活動に取り組むことができるよう、学校の内外を問わずいじめが行われなくなるようにすることを旨として行われなければならない。

2　いじめの防止等のための対策は、全ての児童等がいじめを行わず、及び他の児童等に対して行われるいじめを認識しながらこれを放置することがないようにするため、いじめが児童等の心身に及ぼす影響その他のいじめの問題に関する児童等の理解を深めることを旨として行われなければならない。

3　いじめの防止等のための対策は、いじめを受けた児童等の生命及び心身を保護することが特に重要であることを認識しつつ、国、地方公共団体、学校、地域住民、家庭その他の関係者の連携の下、いじめの問題を克服することを目指して行われなければならない。

　（いじめの禁止）

第4条　児童等は、いじめを行ってはならない。

　（国の責務）

第5条　国は、第3条の基本理念（以下「基本理念」という。）にのっとり、いじめの防止等のための対策を総合的に策定し、及び実施する責務を有する。

　（地方公共団体の責務）

第6条　地方公共団体は、基本理念にのっとり、いじめの防止等のための対策について、国と協力しつつ、当該地域の状況に応じた施策を策定し、及び実施する責務を有する。

　（学校の設置者の責務）

第7条　学校の設置者は、基本理念にのっとり、その設置する学校におけるいじめの防止等のために必要な措置を講ずる責務を有する。

　（学校及び学校の教職員の責務）

第8条　学校及び学校の教職員は、基本理念にのっとり、当該学校に在籍する児童等の保護者、地域住民、児童相談所その他の関係者との連携を図りつつ、学校全体でいじめの防止及び早期発見に取り組むとともに、当該学校に在籍する児童等がいじめを受けていると思われるときは、適切かつ迅速にこれに対処する責務を有する。

　（保護者の責務等）

第9条　保護者は、子の教育について第一義的責任を有するものであって、その保護する児童等がいじめを行うことのないよう、当該児童等に対し、規範意識を養うための指導その他の必要な指導を行うよう努めるものとする。

2　保護者は、その保護する児童等がいじめを受けた場合には、適切に当該児童等をいじめから保護するものとする。

3　保護者は、国、地方公共団体、学校の設置者及びその設置する学校が講ずるいじめの防止等のための措置に協力するよう努めるものとする。

4　第1項の規定は、家庭教育の自主性が尊重されるべきことに変更を加えるも

のと解してはならず、また、前二項の規定は、いじめの防止等に関する学校の設置者及びその設置する学校の責任を軽減するものと解してはならない。

（財政上の措置等）

第10条　国及び地方公共団体は、いじめの防止等のための対策を推進するために必要な財政上の措置その他の必要な措置を講ずるよう努めるものとする。

第2章　いじめ防止基本方針等

（いじめ防止基本方針）

第11条　文部科学大臣は、関係行政機関の長と連携協力して、いじめの防止等のための対策を総合的かつ効果的に推進するための基本的な方針（以下「いじめ防止基本方針」という。）を定めるものとする。

2　いじめ防止基本方針においては、次に掲げる事項を定めるものとする。

一　いじめの防止等のための対策の基本的な方向に関する事項

二　いじめの防止等のための対策の内容に関する事項

三　その他いじめの防止等のための対策に関する重要事項

（地方いじめ防止基本方針）

第12条　地方公共団体は、いじめ防止基本方針を参酌し、その地域の実情に応じ、当該地方公共団体におけるいじめの防止等のための対策を総合的かつ効果的に推進するための基本的な方針（以下「地方いじめ防止基本方針」という。）を定めるよう努めるものとする。

（学校いじめ防止基本方針）

第13条　学校は、いじめ防止基本方針又は地方いじめ防止基本方針を参酌し、その学校の実情に応じ、当該学校におけるいじめの防止等のための対策に関する基本的な方針を定めるものとする。

（いじめ問題対策連絡協議会）

第14条　地方公共団体は、いじめの防止等に関係する機関及び団体の連携を図るため、条例の定めるところにより、学校、教育委員会、児童相談所、法務局又は地方法務局、都道府県警察その他の関係者により構成されるいじめ問題対策連絡協議会を置くことができる。

2　都道府県は、前項のいじめ問題対策連絡協議会を置いた場合には、当該いじめ問題対策連絡協議会におけるいじめの防止等に関係する機関及び団体の連携が当該都道府県の区域内の市町村が設置する学校におけるいじめの防止等に活用されるよう、当該いじめ問題対策連絡協議会と当該市町村の教育委員会との連携を図るために必要な措置を講ずるものとする。

3　前二項の規定を踏まえ、教育委員会といじめ問題対策連絡協議会との円滑な連携の下に、地方いじめ防止基本方針に基づく地域におけるいじめの防止等のための対策を実効的に行うようにするため必要があるときは、教育委員会に附属機関として必要な組織を置くことができるものとする。

第3章　基本的施策

（学校におけるいじめの防止）

第15条　学校の設置者及びその設置する学校は、児童等の豊かな情操と道徳心を培い、心の通う対人交流の能力の素地を養うことがいじめの防止に資することを踏まえ、全ての教育活動を通じた道徳教育及び体験活動等の充実を図らなければならない。

2　学校の設置者及びその設置する学校は、当該学校におけるいじめを防止するため、当該学校に在籍する児童等の保護者、地域住民その他の関係者との連携を図りつつ、いじめの防止に資する活動であって当該学校に在籍する児童等が自主的に行うものに対する支援、当該学校に在籍する児童等及びその保護者並びに当該学校の教職員に対するいじめを防止することの重要性に関する理解を深めるための啓発その他必要な措置を講ずるものとする。

（いじめの早期発見のための措置）

第16条　学校の設置者及びその設置する学校は、当該学校におけるいじめを早期に発見するため、当該学校に在籍する児童等に対する定期的な調査その他の必要な措置を講ずるものとする。

2　国及び地方公共団体は、いじめに関する通報及び相談を受け付けるための体制の整備に必要な施策を講ずるものとする。

3　学校の設置者及びその設置する学校は、当該学校に在籍する児童等及びその保護者並びに当該学校の教職員がいじめに係る相談を行うことができる体制（次項において「相談体制」という。）を整備するものとする。

4　学校の設置者及びその設置する学校は、相談体制を整備するに当たっては、家庭、地域社会等との連携の下、いじめを受けた児童等の教育を受ける権利その他の権利利益が擁護されるよう配慮するものとする。

（関係機関等との連携等）

第17条　国及び地方公共団体は、いじめを受けた児童等又はその保護者に対する支援、いじめを行った児童等に対する指導又はその保護者に対する助言その他のいじめの防止等のための対策が関係者の連携の下に適切に行われるよう、関係省庁相互間その他関係機関、学校、家庭、地域社会及び民間団体の間の連携の強化、民間団体の支援その他必要な体制の整備に努めるものとする。

（いじめの防止等のための対策に従事する人材の確保及び資質の向上）

第18条　国及び地方公共団体は、いじめを受けた児童等又はその保護者に対する支援、いじめを行った児童等に対する指導又はその保護者に対する助言その他のいじめの防止等のための対策が専門的知識に基づき適切に行われるよう、教員の養成及び研修の充実を通じた教員の資質の向上、生徒指導に係る体制等の充実のための教諭、養護教諭その他の教員の配置、心理、福祉等に関する専門的知識を有する者であっていじめの防止を含む教育相談に応じるものの確保、

いじめへの対処に関し助言を行うために学校の求めに応じて派遣される者の確保等必要な措置を講ずるものとする。

2　学校の設置者及びその設置する学校は、当該学校の教職員に対し、いじめの防止等のための対策に関する研修の実施その他のいじめの防止等のための対策に関する資質の向上に必要な措置を計画的に行わなければならない。

（インターネットを通じて行われるいじめに対する対策の推進）

第19条　学校の設置者及びその設置する学校は、当該学校に在籍する児童等及びその保護者が、発信された情報の高度の流通性、発信者の匿名性その他のインターネットを通じて送信される情報の特性を踏まえて、インターネットを通じて行われるいじめを防止し、及び効果的に対処することができるよう、これらの者に対し、必要な啓発活動を行うものとする。

2　国及び地方公共団体は、児童等がインターネットを通じて行われるいじめに巻き込まれていないかどうかを監視する関係機関又は関係団体の取組を支援するとともに、インターネットを通じて行われるいじめに関する事案に対処する体制の整備に努めるものとする。

3　インターネットを通じていじめが行われた場合において、当該いじめを受けた児童等又はその保護者は、当該いじめに係る情報の削除を求め、又は発信者情報（特定電気通信役務提供者の損害賠償責任の制限及び発信者情報の開示に関する法律（平成13年法律第137号）第2条第6号に規定する発信者情報をいう。）の開示を請求しようとするときは、必要に応じ、法務局又は地方法務局の協力を求めることができる。

（いじめの防止等のための対策の調査研究の推進等）

第20条　国及び地方公共団体は、いじめの防止及び早期発見のための方策等、いじめを受けた児童等又はその保護者に対する支援及びいじめを行った児童等に対する指導又はその保護者に対する助言の在り方、インターネットを通じて行われるいじめへの対応の在り方その他のいじめの防止等のために必要な事項やいじめの防止等のための対策の実施の状況についての調査研究及び検証を行うとともに、その成果を普及するものとする。

（啓発活動）

第21条　国及び地方公共団体は、いじめが児童等の心身に及ぼす影響、いじめを防止することの重要性、いじめに係る相談制度又は救済制度等について必要な広報その他の啓発活動を行うものとする。

第4章　いじめの防止等に関する措置

（学校におけるいじめの防止等の対策のための組織）

第22条　学校は、当該学校におけるいじめの防止等に関する措置を実効的に行うため、当該学校の複数の教職員、心理、福祉等に関する専門的な知識を有する者その他の関係者により構成されるいじめの防止等の対策のための組織を置く

ものとする。
（いじめに対する措置）
第23条　学校の教職員、地方公共団体の職員その他の児童等からの相談に応じる者及び児童等の保護者は、児童等からいじめに係る相談を受けた場合において、いじめの事実があると思われるときは、いじめを受けたと思われる児童等が在籍する学校への通報その他の適切な措置をとるものとする。

2　学校は、前項の規定による通報を受けたときその他当該学校に在籍する児童等がいじめを受けていると思われるときは、速やかに、当該児童等に係るいじめの事実の有無の確認を行うための措置を講ずるとともに、その結果を当該学校の設置者に報告するものとする。

3　学校は、前項の規定による事実の確認によりいじめがあったことが確認された場合には、いじめをやめさせ、及びその再発を防止するため、当該学校の複数の教職員によって、心理、福祉等に関する専門的な知識を有する者の協力を得つつ、いじめを受けた児童等又はその保護者に対する支援及びいじめを行った児童等に対する指導又はその保護者に対する助言を継続的に行うものとする。

4　学校は、前項の場合において必要があると認めるときは、いじめを行った児童等についていじめを受けた児童等が使用する教室以外の場所において学習を行わせる等いじめを受けた児童等その他の児童等が安心して教育を受けられるようにするために必要な措置を講ずるものとする。

5　学校は、当該学校の教職員が第3項の規定による支援又は指導若しくは助言を行うに当たっては、いじめを受けた児童等の保護者といじめを行った児童等の保護者との間で争いが起きることのないよう、いじめの事案に係る情報をこれらの保護者と共有するための措置その他の必要な措置を講ずるものとする。

6　学校は、いじめが犯罪行為として取り扱われるべきものであると認めるときは所轄警察署と連携してこれに対処するものとし、当該学校に在籍する児童等の生命、身体又は財産に重大な被害が生じるおそれがあるときは直ちに所轄警察署に通報し、適切に、援助を求めなければならない。
（学校の設置者による措置）
第24条　学校の設置者は、前条第2項の規定による報告を受けたときは、必要に応じ、その設置する学校に対し必要な支援を行い、若しくは必要な措置を講ずることを指示し、又は当該報告に係る事案について自ら必要な調査を行うものとする。
（校長及び教員による懲戒）
第25条　校長及び教員は、当該学校に在籍する児童等がいじめを行っている場合であって教育上必要があると認めるときは、学校教育法第11条の規定に基づき、適切に、当該児童等に対して懲戒を加えるものとする。
（出席停止制度の適切な運用等）

第20条 市町村の教育委員会は、いじめを行った児童等の保護者に対して学校教育法第35条第1項（同法第49条において準用する場合を含む。）の規定に基づき当該児童等の出席停止を命ずる等、いじめを受けた児童等その他の児童等が安心して教育を受けられるようにするために必要な措置を速やかに講ずるものとする。

（学校相互間の連携協力体制の整備）

第27条 地方公共団体は、いじめを受けた児童等といじめを行った児童等が同じ学校に在籍していない場合であっても、学校がいじめを受けた児童等又はその保護者に対する支援及びいじめを行った児童等に対する指導又はその保護者に対する助言を適切に行うことができるようにするため、学校相互間の連携協力体制を整備するものとする。

第5章　重大事態への対処

（学校の設置者又はその設置する学校による対処）

第28条 学校の設置者又はその設置する学校は、次に掲げる場合には、その事態（以下「重大事態」という。）に対処し、及び当該重大事態と同種の事態の発生の防止に資するため、速やかに、当該学校の設置者又はその設置する学校の下に組織を設け、質問票の使用その他の適切な方法により当該重大事態に係る事実関係を明確にするための調査を行うものとする。

　一　いじめにより当該学校に在籍する児童等の生命、心身又は財産に重大な被害が生じた疑いがあると認めるとき。

　二　いじめにより当該学校に在籍する児童等が相当の期間学校を欠席することを余儀なくされている疑いがあると認めるとき。

2　学校の設置者又はその設置する学校は、前項の規定による調査を行ったときは、当該調査に係るいじめを受けた児童等及びその保護者に対し、当該調査に係る重大事態の事実関係等その他の必要な情報を適切に提供するものとする。

3　第1項の規定により学校が調査を行う場合においては、当該学校の設置者は、同項の規定による調査及び前項の規定による情報の提供について必要な指導及び支援を行うものとする。

（国立大学に附属して設置される学校に係る対処）

第29条 国立大学法人（国立大学法人法（平成15年法律第112号）第2条第1項に規定する国立大学法人をいう。以下この条において同じ。）が設置する国立大学に附属して設置される学校は、前条第1項各号に掲げる場合には、当該国立大学法人の学長又は理事長を通じて、重大事態が発生した旨を、文部科学大臣に報告しなければならない。

2　前項の規定による報告を受けた文部科学大臣は、当該報告に係る重大事態への対処又は当該重大事態と同種の事態の発生の防止のため必要があると認めるときは、前条第1項の規定による調査の結果について調査を行うことができ

る。

3　文部科学大臣は、前項の規定による調査の結果を踏まえ、当該調査に係る国立大学法人又はその設置する国立大学に附属して設置される学校が当該調査に係る重大事態への対処又は当該重大事態と同種の事態の発生の防止のために必要な措置を講ずることができるよう、国立大学法人法第35条の２において準用する独立行政法人通則法（平成11年法律第103号）第64条第１項に規定する権限の適切な行使その他の必要な措置を講ずるものとする。

（公立の学校に係る対処）

第30条　地方公共団体が設置する学校は、第28条第１項各号に掲げる場合には、当該地方公共団体の教育委員会を通じて、重大事態が発生した旨を、当該地方公共団体の長に報告しなければならない。

2　前項の規定による報告を受けた地方公共団体の長は、当該報告に係る重大事態への対処又は当該重大事態と同種の事態の発生の防止のため必要があると認めるときは、附属機関を設けて調査を行う等の方法により、第28条第１項の規定による調査の結果について調査を行うことができる。

3　地方公共団体の長は、前項の規定による調査を行ったときは、その結果を議会に報告しなければならない。

4　第２項の規定は、地方公共団体の長に対し、地方教育行政の組織及び運営に関する法律（昭和31年法律第162号）第21条に規定する事務を管理し、又は執行する権限を与えるものと解釈してはならない。

5　地方公共団体の長及び教育委員会は、第２項の規定による調査の結果を踏まえ、自らの権限及び責任において、当該調査に係る重大事態への対処又は当該重大事態と同種の事態の発生の防止のために必要な措置を講ずるものとする。

第30条の２　第29条の規定は、公立大学法人（地方独立行政法人法（平成15年法律第118号）第68条第１項に規定する公立大学法人をいう。）が設置する公立大学に附属して設置される学校について準用する。この場合において、第29条第１項中「文部科学大臣」とあるのは「当該公立大学法人を設立する地方公共団体の長（以下この条において単に「地方公共団体の長」という。）」と、同条第２項及び第３項中「文部科学大臣」とあるのは「地方公共団体の長」と、同項中「国立大学法人法第35条の２において準用する独立行政法人通則法（平成11年法律第103号）第64条第１項」とあるのは「地方独立行政法人法第121条第１項」と読み替えるものとする。

（私立の学校に係る対処）

第31条　学校法人（私立学校法（昭和24年法律第270号）第３条に規定する学校法人をいう。以下この条において同じ。）が設置する学校は、第28条第１項各号に掲げる場合には、重大事態が発生した旨を、当該学校を所轄する都道府県知事（以下この条において単に「都道府県知事」という。）に報告しなければならない。

2　前項の規定による報告を受けた都道府県知事は、当該報告に係る重大事態への対処又は当該重大事態と同種の事態の発生の防止のため必要があると認めるときは、附属機関を設けて調査を行う等の方法により、第28条第1項の規定による調査の結果について調査を行うことができる。

3　都道府県知事は、前項の規定による調査の結果を踏まえ、当該調査に係る学校法人又はその設置する学校が当該調査に係る重大事態への対処又は当該重大事態と同種の事態の発生の防止のために必要な措置を講ずることができるよう、私立学校法第6条に規定する権限の適切な行使その他の必要な措置を講ずるものとする。

4　前二項の規定は、都道府県知事に対し、学校法人が設置する学校に対して行使することができる権限を新たに与えるものと解釈してはならない。

第32条　学校設置会社（構造改革特別区域法（平成14年法律第189号）第12条第2項に規定する学校設置会社をいう。以下この条において同じ。）が設置する学校は、第28条第1項各号に掲げる場合には、当該学校設置会社の代表取締役又は代表執行役を通じて、重大事態が発生した旨を、同法第12条第1項の規定による認定を受けた地方公共団体の長（以下「認定地方公共団体の長」という。）に報告しなければならない。

2　前項の規定による報告を受けた認定地方公共団体の長は、当該報告に係る重大事態への対処又は当該重大事態と同種の事態の発生の防止のため必要があると認めるときは、附属機関を設けて調査を行う等の方法により、第28条第1項の規定による調査の結果について調査を行うことができる。

3　認定地方公共団体の長は、前項の規定による調査の結果を踏まえ、当該調査に係る学校設置会社又はその設置する学校が当該調査に係る重大事態への対処又は当該重大事態と同種の事態の発生の防止のために必要な措置を講ずることができるよう、構造改革特別区域法第12条第10項に規定する権限の適切な行使その他の必要な措置を講ずるものとする。

4　前二項の規定は、認定地方公共団体の長に対し、学校設置会社が設置する学校に対して行使することができる権限を新たに与えるものと解釈してはならない。

5　第1項から前項までの規定は、学校設置非営利法人（構造改革特別区域法第13条第2項に規定する学校設置非営利法人をいう。）が設置する学校について準用する。この場合において、第1項中「学校設置会社の代表取締役又は代表執行役」とあるのは「学校設置非営利法人の代表権を有する理事」と、「第12条第1項」とあるのは「第13条第1項」と、第2項中「前項」とあるのは「第5項において準用する前項」と、第3項中「前項」とあるのは「第5項において準用する前項」と、「学校設置会社」とあるのは「学校設置非営利法人」と、「第12条第10項」とあるのは「第13条第3項において準用する同法第12条第10項」と、前項中「前二項」とあるのは「次項において準用する前二項」と

読み替えるものとする。

（文部科学大臣又は都道府県の教育委員会の指導、助言及び援助）

第33条 地方自治法（昭和22年法律第67号）第245条の４第１項の規定によるほか、文部科学大臣は都道府県又は市町村に対し、都道府県の教育委員会は市町村に対し、重大事態への対処に関する都道府県又は市町村の事務の適正な処理を図るため、必要な指導、助言又は援助を行うことができる。

第６章　雑　則

（学校評価における留意事項）

第34条 学校の評価を行う場合においていじめの防止等のための対策を取り扱うに当たっては、いじめの事実が隠蔽されず、並びにいじめの実態の把握及びいじめに対する措置が適切に行われるよう、いじめの早期発見、いじめの再発を防止するための取組等について適正に評価が行われるようにしなければならない。

（高等専門学校における措置）

第35条 高等専門学校（学校教育法第１条に規定する高等専門学校をいう。以下この条において同じ。）の設置者及びその設置する高等専門学校は、当該高等専門学校の実情に応じ、当該高等専門学校に在籍する学生に係るいじめに相当する行為の防止、当該行為の早期発見及び当該行為への対処のための対策に関し必要な措置を講ずるよう努めるものとする。

附　則

（施行期日）

第１条 この法律は、公布の日から起算して３月を経過した日から施行する。

〔編注〕　施行日＝平成25年９月28日

（検討）

第２条 いじめの防止等のための対策については、この法律の施行後３年を目途として、この法律の施行状況等を勘案し、検討が加えられ、必要があると認められるときは、その結果に基づいて必要な措置が講ぜられるものとする。

2　政府は、いじめにより学校における集団の生活に不安又は緊張を覚えることとなったために相当の期間学校を欠席することを余儀なくされている児童等が適切な支援を受けつつ学習することができるよう、当該児童等の学習に対する支援の在り方についての検討を行うものとする。

著 者 紹 介

堀切　忠和（ほりきり　ただかず）

日本大学法学部卒業
平成15年弁護士登録（東京弁護士会）

　スポーツクラブトリム（スポーツクラブルネサンスと合併）での指導員の経験から、（公財）日本スポーツ協会におけるジュニアスポーツ法律アドヴァイザーとしての講習や、（一財）日本私学教育研究所の教員免許更新講習において、学校現場の危機管理の講師を務めた。
　現在は、私学を中心に、スクールロイヤーとして50校を超える学校の相談に対応している。
　学校関連の著作に、

平成25年6月　いじめ等問題行動及び学校危機管理等の法的対応を学ぶ（日本私学教育研究所）54頁
平成26年9月　「子どもたちからの聞き取りのテクニックについて」心とからだの健康（健学社）68〜69頁
平成27年5月　「いじめ予防の「出張授業」について」心とからだの健康（健学社）64〜66頁
　　　　8月　「生徒同士のトラブルから保護者同士のトラブルに」心とからだの健康（健学社）68〜69頁
　　　11月　「学校内での事故やけがを減らすには？」心とからだの健康（健学社）66〜68頁
平成28年3月　「自分の安全を自分で守れる子どもを育てる」心とからだの健康（健学社）21〜26頁

４月　「教職員の保険加入について」心とからだの健康
　　　　　　　　（健学社）66〜67頁

平成29年４月　「学校とSCの連携で大切なこと」心とからだの健康
　　　　　　　　（健学社）40〜41頁

　　　　　５月　「特別な配慮を要する疾病・疾患を抱えている子の
　　　　　　　　対応について」心とからだの健康（健学社）36〜37
　　　　　　　　頁

　　　　　８月　江戸川大学教員免許更新講習テキスト「教職員（幼
　　　　　　　　稚園・保育園・こども園）のための危機管理とク
　　　　　　　　レーム対応」（江戸川大学）36頁

平成30年１月　「学校事故の責任と保険」（伊藤文夫編　人身損害賠
　　　　　　　　償法の理論と実際）538〜547頁（保険毎日新聞社）

令和２年９月　「コロナ禍における学校危機管理の注意点について」
　　　　　　　　心とからだの健康（健学社）73〜75頁

などがある。

3訂
教職員のための学校の危機管理とクレーム対応
―いじめ防止対策推進法といじめ対応を中心に―

2013年7月26日　初版発行
2024年3月25日　3訂版発行

著　者　堀　切　忠　和

発行者　和　田　　　裕

発行所　日本加除出版株式会社
本　　社　〒171-8516
東京都豊島区南長崎3丁目16番6号

組版　㈱郁文　　印刷　㈱亨有堂印刷所　　製本　牧製本印刷㈱

定価はカバー等に表示してあります。
落丁本・乱丁本は当社にてお取替えいたします。
お問合せの他、ご意見・感想等がございましたら、下記まで
お知らせください。

〒171-8516
東京都豊島区南長崎3丁目16番6号
日本加除出版株式会社　営業企画課
電話　　03-3953-5642
FAX　　03-3953-2061
e-mail　toiawase@kajo.co.jp
URL　　www.kajo.co.jp

© Tadakazu Horikiri 2024
Printed in Japan
ISBN978-4-8178-4939-7